옛사람들의
우정 이야기

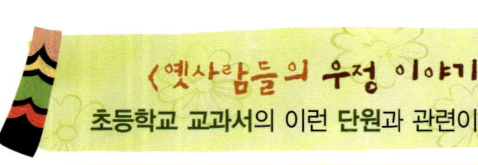

〈옛사람들의 우정 이야기〉는
초등학교 교과서의 이런 단원과 관련이 깊어요.

 2학년 2학기 국어
　4. 마음을 주고받으며
　　〈민지야 미안해〉

 4학년 1학기 국어
　6. 의견을 나누어요
　　〈오성과 한음〉

 6학년 2학기 국어
　5. 소중한 만남을 기억하며
　　(1) 정든 친구들

 1학년 1학기 바른생활
　5. 사이좋은 친구

 3학년 1학기 도덕
　4. 너희가 있어 행복해
　　(1) 너와 내가 만드는 행복한 세상
　　(2) 진정한 친구
　　(3) 함께 있어 행복한 우리

 1학년 2학기 즐거운 생활
　5. 친구들아 모여라

오십 빛깔 우리 것 우리 얘기 ⑱

옛사람들의
우정 이야기

우리누리 글 • 김형연 그림

주니어 중앙

추천의 말

어린이가 꿈을 키우는 터전

꿈 많은 어린 시절엔 장대한 역사와 위대한 문화유산에 관한
책을 읽는 것이 좋다.
거기에는 어린이가 꿈을 키우는 터전이 있기 때문이다.
감수성 예민한 어린 시절엔 흥미로운 그림을 통하여
재미있게 이야기를 풀어간 책이 좋다.
그것은 시각적 인식을 통해 어린이의 상상력을 자극하기 때문이다.
『오십 빛깔 우리 것 우리 얘기』는 이런 필요조건을 갖춘
고급 어린이 교양도서라 할 만한 것이다.

유홍준
(전 문화재청장, 현 명지대 교수,
『나의 문화유산 답사기』 저자)

이 책을 추천해 주신 선생님들

● 전래놀이, 풍속과 관련된 수업에 활용하고 있습니다. 옛 풍속과 관련해서 요즘에는 잘 사용하지 않는 용어들이 있어서 아이들이 어려워하는데, 이 책에는 사진 자료와 함께 쉽고 정확하게 설명이 되어 있어 아이들이 이해하기 쉽게 되어 있습니다.
— 손영수 선생님(가사초등학교)

● 아이들이 우리의 전통문화를 쉽게 접할 수 있도록 도움을 주는 소중한 자료입니다. 우리 학교의 독서 퀴즈 대회에서 매년 사용하는 책이랍니다.
— 성주영 선생님(도당초등학교)

● 우리의 옛 풍습과 문화, 관혼상제 등에 대해 자세히 설명되어 있어 수업을 하기 전에 미리 읽어 오라고 하는 도서입니다.
— 전은경 선생님(용산초등학교)

● 우리의 문화와 역사를 초등학생들이 이해하기 쉽도록 재미있는 옛이야기로 풀어낸 점이 가장 마음에 듭니다. 초등 교과와 연계된 부분이 많아 학교 수업에 많이 활용하는 도서입니다.
— 한유자 선생님(삼일초등학교)

김임숙 선생님(팔달초)	조윤미 선생님(화양초)	이경혜 선성님(군포초)	염효경 선생님(지동초)
오재민 선생님(조원초)	박연희 선성님(우이초)	박혜미 선성님(대평중)	이진희 선생님(수일초)
최정희 선생님(온곡초)	정경순 선생님(시흥초)	박현숙 선생님(중흥초)	김정남 선생님(외동초)
이광란 선생님(고리울초)	김명순 선생님(오목초)	신지연 선생님(개포초)	심선희 선생님(상원초)
문수진 선생님(덕산초)	정지은 선생님(세검정초)	정선정 선생님(백봉초)	김미란 선생님(둔전초)
김미정 선생님(청덕초)	조정신 선생님(서신초)	김경아 선생님(서림초)	김란희 선생님(유덕초)
정상각 선생님(대선초)	서흥희 선생님(수일중)	윤란희 선생님(안산시근로자시민문화센터어린이도서관)	

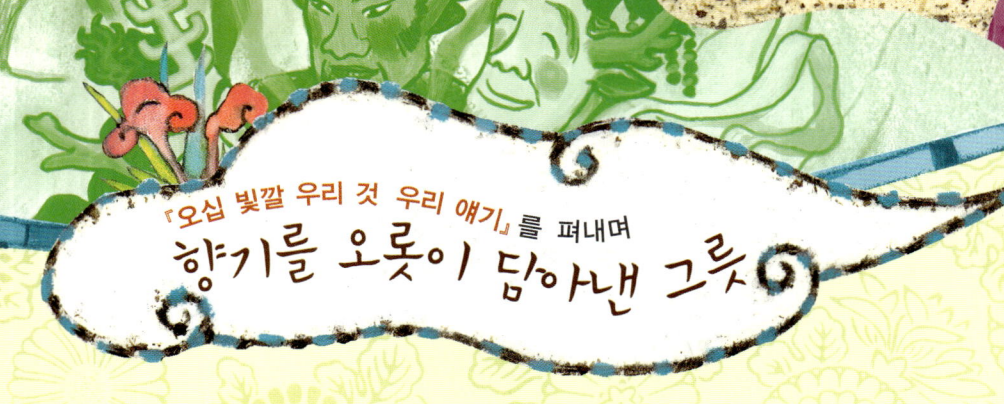

『오십 빛깔 우리 것 우리 얘기』를 펴내며
향기를 오롯이 담아낸 그릇

　『오십 빛깔 우리 것 우리 얘기』 시리즈가 처음 출간된 지 어느덧 16년이 되었습니다. 그동안 수많은 어린이와 부모님, 그리고 선생님들의 사랑을 받으며 전 50권이 완간되었고, 어린이 옛이야기 분야의 고전(古典)이자 스테디셀러로 굳건히 자리매김해 왔습니다.

　이 시리즈는 '소중히 지켜야 할 우리 것'에 대한 이야기를 어린이를 위해 '쉽고 재미있게' 풀어쓴 책입니다. 내용으로는 선조들의 생활과 풍습 이야기, 문화재와 발명품 이야기, 인물과 과학기술·예술작품 이야기, 팔도강산과 고유 동식물 이야기 등 우리나라 역사와 전통문화 모든 영역을 총망라하고 있습니다. 그리고 이를 50가지 주제로 엮어 저학년 어린이도 얼마든지 볼 수 있도록 맛깔나는 옛이야기로 담아냈습니다. 장대한 역사와 위대한 문화유산을 배우기에 옛이야기만큼 좋은 형식도 없기 때문입니다.

　대한민국 국민으로서 알아야 하고 전해야 할 우리 것, 우리 얘기는 아주 많습니다. 그동안 이 시리즈를 통해 많은 어린이가 우리 것을 알게 되고, 우리 얘기를 사랑하게 되었을 것입니다. 시간이 흘러도 역사와 전통문화의 향기는 변하지 않기 때문입니다.

하지만 저희는 그 향기를 담아내는 그릇이 그간 색이 바래고 빛을 잃었다는 사실에 가슴이 아프고 안타까웠습니다. 그래서 책에서 전하는 우리 것의 향기를 오롯이 담아낼 수 있는 새로운 그릇을 찾고자 하였습니다. 그 그릇을 통해 향기가 더욱 그윽해지고 멀리까지 퍼져서 수백 년, 수천 년 전의 우리 것이 오늘날에도 살아 숨 쉴 수 있도록 생명력을 주고자 하였습니다.

이에 몇 가지 원칙을 가지고 『오십 빛깔 우리 것 우리 얘기』 시리즈를 새롭게 출간하게 되었습니다.

◎ 원작이 가지는 옛이야기의 맛과 멋을 그대로 살렸습니다.
◎ 요즘 독자들의 감각에 맞추어 디자인과 그림을 50권 전권 전면 개정하였습니다.
◎ 교과 학습의 길잡이가 될 수 있도록 연계 교과를 표시하였습니다.
◎ 학습정보 코너는 유익함과 재미를 함께 줄 수 있도록 4컷 만화, 생생 인터뷰, 묻고 답하기 등으로 내용을 재구성하였고, 최신 정보와 사진을 수록하였습니다.
◎ 도표, 연표, 역사신문, 체험학습 등으로 권말부록을 풍성하게 꾸며서 관련 교과 학습을 강화하였습니다.

이 책을 처음 읽었을 8살 꼬마 독자는 지금쯤 나라와 민족에 긍지를 가진 25살 자랑스러운 대한민국 청년이 되었을 것입니다. 그 청년이 부모가 되어서도 자녀에게 다시 권할 수 있는 그런 책이 되기를 바라며, 이 시리즈를 오십 빛깔 그릇에 정성껏 담아 내어놓습니다.

2010년 가을 주니어중앙

글쓴이의 말

마음을 열어주는 옛사람들의 우정 이야기

　　베트남에서 전쟁이 일어났을 때의 일이에요. 어느 고아원에 포탄이 떨어져서 많은 어린이가 목숨을 잃거나 크게 다쳤어요. 그 가운데 여덟 살 먹은 여자아이의 목숨이 몹시 위태로웠어요. 피를 너무 많이 흘려서 얼른 수혈을 해야만 했지요.

　　그런데 안타깝게도 그 아이의 혈액형과 같은 간호사나 의사는 한 명도 없었어요. 어쩔 수 없이 의사와 간호사는 고아원 아이들에게 피를 나누어 줄 사람이 없느냐고 손짓 발짓 섞어 가며 물었어요. 그들은 외국인이라서 베트남 말을 몰랐거든요.

　　한참 뒤에 한 남자아이가 손을 들었어요. 다행히 그 아이의 혈액형은 여자아이의 혈액형과 같았지요. 간호사는 수혈을 하려고 남자아이의 팔에 주사기를 꽂았어요. 그런데 남자아이가 몸을 떨며 훌쩍이는 거예요. 간호사가 달래도 계속 소리 내어 울기만 했지요.

　　나중에 알고 보니 남자아이는 자기가

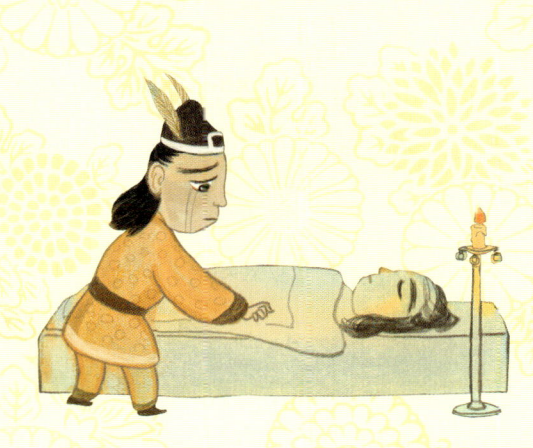

　죽는 줄 알았다는 거예요. 여자아이를 살리려면 자기 피를 모두 뽑아 주어야 하는 줄 알았던 거지요. 간호사가 그런 줄 알았으면 왜 피를 뽑아 주었냐고 아이에게 물었어요. 그러자 남자아이가 대답했지요.
　"그 애는 내 친구이니까요."
　참된 친구 셋만 있으면 세상을 얻은 것과 같다는 말이 있어요. 참된 친구가 단 한 사람만 있어도 정말 행복하고 자랑스러운 일일 거예요. 하지만 단지 이름을 알고 얼굴을 안다고 해서 진짜 친구라그는 할 수 없어요. 그렇다면 참된 친구란 어떤 친구일까요?
　이 책에 나오는 열 가지 이야기는 우리 조상들이 참된 친구와 우정을 무엇이라고 생각해 왔는지 알려주고 있어요. 재미있게 읽고 여러분 스스로 그 해답을 내려 보세요. 아마도 참된 친구를 얻는 행복한 어린이가 될 수 있을 거예요.

어린이의 벗 우리누리

차례

● **복을 받은 두 친구** 12
백두 낭자·한라 도령이 들려주는 참된 친구 이야기
좋은 벗 셋, 나쁜 벗 셋 22

● **우정을 배신한 오 생원** 24
백두 낭자·한라 도령이 들려주는 참된 친구 이야기
의리 없는 벗은 사귀지 마라 34

● **아름다운 벗, 사다함과 무관** 36
백두 낭자·한라 도령이 들려주는 참된 친구 이야기
마음을 알아주는 친구 46

● **두 형제의 참된 친구 찾기** 48
백두 낭자·한라 도령이 들려주는 참된 친구 이야기
어려울 때 도움을 주는 친구 58

● **옛 친구의 충고** 60
백두 낭자·한라 도령이 들려주는 참된 친구 이야기
진심 어린 충고를 해 주는 친구 70

❋ 의리를 저버린 흑룡강 용왕 72
백두 낭자·한라 도령이 들려주는 참된 친구 이야기
우정을 소중히 여기는 마음 82

❋ 친구의 친구를 믿어 주는 우정 84
백두 낭자·한라 도령이 들려주는 참된 친구 이야기
친구를 보면 그 사람을 안다 94

❋ 우리는 단짝, 오성과 한음 96
백두 낭자·한라 도령이 들려주는 참된 친구 이야기
오래도록 함께하는 친구 106

❋ 은혜를 베푼 나무 도령 108
백두 낭자·한라 도령이 들려주는 참된 친구 이야기
진실한 우정을 나누는 친구 118

❋ 다시 만난 세 친구 120
백두 낭자·한라 도령이 들려주는 참된 친구 이야기
좋은 친구가 되려면 130

부록 교과가 튼튼해지는 우리 것 우리 얘기 132
친구와 우정에 관한 격언 모음집

복을 받은 두 친구

옛날 길 서방이란 사람이 살았는데, 아버지 제삿날이 며칠 앞으로 다가왔더래요. 하지만 쌀독이 텅텅 비어 있어 걱정이 이만저만 아니었어요.

길 서방은 며칠을 밤새 뜬눈으로 지새웠어요. 하지만 별 뾰족한 수가 나지 않았지요.

"하는 수 없군. 내일은 배 서방한테 돈 좀 꿔 달라고 해야지."

배 서방은 길 서방의 둘도 없는 친구였어요.

아침이 밝아 오자 길 서방은 산을 넘고 들을 지나 한달음에 친구 집에 다다랐어요.

"배 서방, 자네 있는가?"

배 서방이 방문을 열고 반갑게 맞아 주었어요.

"이른 아침부터 자네가 웬일인가? 어서 들어오게."

"그게 말이지……. 자네한테 부탁이 있어 왔다네."

"부탁? 우리 사이에 뭐 어려울 게 있다고. 망설이지 말고 어서 말해 보게."

"사실 아버지 제사가 며칠 안 남았는데, 제사 지낼 돈이 있어야 말이지……. 염치없는 줄 알면서도 이렇게 찾아오고 말았네."

"이 사람, 그게 무슨 말인가. 자네 부모가 내 부모이고, 내 부모가 자네 부모 아닌가. 그런데 돈 한 푼 없기는 나도 마찬가지군. 다행히 우리 소가 송아지를 한 마리 낳았으니, 그거라도 내다 팔아서 제사를 지내도록 하게."

"배 서방, 정말 고맙네그려."

배 서방은 하나뿐인 송아지를 선뜻 내주었어요.

길 서방은 송아지를 끌고 장으로 갔어요. 친구한테는 정말 미안

했지만 어쩔 수 없는 노릇이었지요.

　운 좋게도 송아지는 좋은 값에 팔렸어요. 길 서방은 기분이 좋아 흥얼흥얼 대며 집으로 향했어요.

　그런데 고갯길을 넘을 때였어요. 별안간 나무 뒤에서 도둑이 나타났지 뭐예요.

　"꼼짝 마라! 송아지 판 돈 다 내놔라."

　도둑은 길 서방이 장에서 송아지를 파는 모습을 보고, 미리 고갯길에 와 지키고 있었던 거예요.

"이건 내 돈이 아니라, 아버지 제사를 지내려고 친구에게 빌린 돈이오. 다 주기는 어려우니 반만 가져가고 반은 두고 가시구려."

길 서방은 도둑에게 사정사정했어요.

하지만 도둑이 그런 사정을 봐줄 리가 있나요. 도둑은 어이없다는 듯 대꾸했어요.

"에이, 여보쇼! 도둑질은 내 처음 해 보는 거지만, 이런 경우가 어딨소? 다 내놓고 가기 전에는 절대 이 길을 못 지나오."

도둑과 길 서방은 서로 큰소리로 옥신각신했어요.

그때 마침 순찰을 하던 포졸들이 나타났어요.

"여보시오. 거기 두 사람, 무엇 때문에 그러시오?"

포졸들이 말을 걸어오자 도둑은 간이 콩알만 해졌어요.

'아이고, 큰일 났군. 꼼짝없이 잡혀가게 생겼네.'

도둑은 눈치를 보고 있다가 냉큼 도망쳐야겠다고 마음먹었어요. 그런데 길 서방이 뜻밖에도 이렇게 말하는 거였어요.

"관가에서 나오신 분은 알 필요가 없습니다."

"어째서 알 필요가 없다는 거요? 뭘 내놔라, 못 내놓는다 하며 옥신각신 다투던데?"

포졸들이 두 사람을 번갈아 살펴보며 되물었어요.

"내가 어제저녁에 이 친구를 찾아가서 아버지 제사에 쓸 돈을 빌려 달라고 했지요. 그랬더니 이 친구가 송아지를 장에 내다 팔라며 내주지 않겠습니까? 하는 수 없이 송아지를 팔아 제사에 쓸 것들을 샀지요."

"그런데 무엇이 문제란 말이오?"

"그랬더니 돈이 반이나 남더라고요. 그 나머지를 이 친구에게 주려 하니까 반만 받겠다고 우기지 뭡니까? 그래서 이렇게 다투고 있던 거지요."

길 서방의 말을 들은 포졸들은 빙그레 웃었어요. 가만히 보니 둘 다 착한 사람처럼 보였지요.

"그럼 친구 사이에 좋게 해결을 보시오."

포졸들은 환한 얼굴로 그냥 돌아갔어요.

'아! 이렇게 착한 사람한테 나쁜 짓을 하려 하다니…….'

도둑은 고맙고도 미안한 마음이 들어 용서를 빌었어요.

"제가 잘못했습니다. 어르신이 사는 곳을 가르쳐 주시면 나중에 꼭 찾아뵙겠습니다."

"나는 이 고개 너머 먹골배라는 곳에 사는 길 서방이라 하네."

"예, 알겠습니다. 그럼 조심히 가십시오."

도둑은 공손하게 절을 하고는 곧 떠났어요.

아무 탈 없이 집에 돌아온 길 서방은 제사를 잘 지낼 수 있었어요. 그리고 제사에 쓰고 남은 돈은 친구에게 돌려주려고 고이 간직해 두었지요.

한편, 도둑은 고향으로 돌아갔어요. 원래 이 젊은이는 큰 부잣집의 손자였어요. 아버지는 돌아가시고 없는데, 공부는 하지 않고 매일 놀러만 다니며 말썽만 피웠더래요. 할아버지는 손자의 버릇을 고치기 위해 일부러 돈 한 푼 주지 않았어요. 그래서 젊은이는 도둑질까지 하게 된 거였지요.

젊은이는 할아버지에게 길 서방의 이야기를 했어요.

"참으로 훌륭하고 속 깊은 사람이로다!"

할아버지는 감탄하며 손자에게 길 서방을 데려오라고 했어요.

젊은이는 여러 날을 걸려 길 서방을 찾아갔어요. 그리고 길 서방의 손을 붙잡고 다짜고짜 자기 집으로 데려왔지요. 할아버지는 길 서방에게 땅문서를 건네며 말했어요.

"나는 얼마 안 있으면 죽을 사람이오. 그런데 하나뿐인 손자가 세상 물정을 모르니 이래저래 걱정이라오. 듣자 하니, 당신은 도둑도 감싸 줄 줄 아는 착한 마음을 가졌더군요. 그래서 내 재산의

절반은 손자에게 물려주고, 나머지 절반은 당신에게 떼어 주려 하오. 대신 내 손자 좀 돌봐 주지 않겠소?"

길 서방은 고개를 저으며 사양했어요.

"저는 이 재산을 받을 수 없으니 모두 손자에게 주십시오."

"이 늙은이의 소원이니 거절하지 말아 주시오."

할아버지는 여러 차례 간곡히 부탁했어요. 길 서방은 하는 수 없이 땅문서를 받아서 돌아왔어요.

다음 날 길 서방은 배 서방을 찾아갔어요. 그는 땅문서를 내놓으면서 배 서방에게 자초지종을 말해 주었어요.

"자네 송아지 때문에 생긴 일이니 이 땅문서는 자네 걸세."

하지만 배 서방은 받으려 하지 않았어요. 이 일로 두 사람은 밤새 다투었어요.

"받게!"

"못 받네."

"받으라니까!"

"못 받는데도!"

"어허, 받아!"

"글쎄, 못 받아!"

문밖에서는 배 서방의 부인이 이야기를 엿듣고 있었어요. 두 사람의 실랑이가 한참을 지나도 영 끝날 것 같지 않자, 부인은 방으로 들어가 말했어요.

"두 분이 똑같이 나누어 가지면 되잖아요?"

"옳거니!"

그리하여 두 사람은 재산을 똑같이 나누어 서로 의좋게 잘살았다고 해요.

백두 낭자·한라 도령이 들려주는 참된 친구 이야기

좋은 벗 셋, 나쁜 벗 셋

누구나 세상을 살면서 친구를 사귀어요. 하지만 아무나 사귀어서는 안 돼요. 반드시 좋은 친구를 가려서 사귀어야 하지요. 친구가 올바른 사람이면 나 또한 올바른 사람이 될 것이기 때문이에요. 그렇다면 어떤 친구가 좋은 친구이고, 어떤 친구가 나쁜 친구일까요?

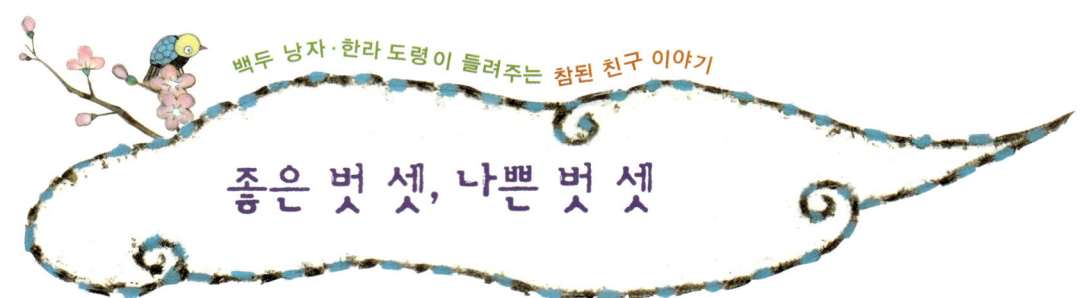

일찍이 공자는 친구 사귀는 일을 두고 다음과 같은 말을 남겼답니다.

'유익한 벗에는 셋이 있고, 해로운 벗에도 셋이 있다.'

공자는 정직한 사람, 성실한 사람, 학문이 깊고 지식이 높은 사람이 유익한 벗이라고 했답니다. 이런 벗을 사귀면 우정을 깊이 나눌 수 있고 자기 자신에게도 도움이 된다고 했어요.

하지만 아첨하는 사람, 굽실거리는 사람, 말 둘러대기를 잘하는 사람은 해로운 벗이라고 했어요. 이런 벗을 사귀면 반드시 배신당하거나 해를 입게 되므로 조심해야 한다고요.

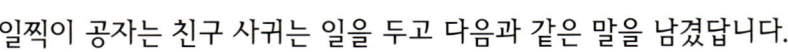

그런데 요즘에는 겉모습만 보고 친구를 사귀려는 사람이 많아졌다고 해요. 얼굴이

잘생겼는지, 집이 부자인지 학교 공부를 잘하는지 등을 기준으로 친구를 사귀려는 거지요. 이 같은 기준은 결코 좋은 친구를 사귀는 잣대가 될 수 없어요. 오히려 좋은 친구를 사귀는 데 걸림돌이 될 뿐이랍니다.

그러니 정직한 사람, 성실한 사람, 학문이 깊고 지식이 높은 사람이 좋은 벗이라는 공자의 가르침을 다시 한번 마음속 깊이 새겨 보면 어떨까요.

중국 인민대학에 있는 공자상이에요.

한 걸음 더

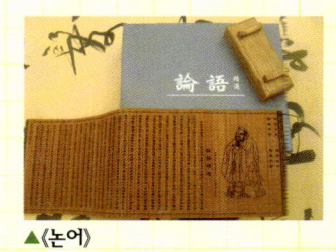

▲《논어》

공자는 유교의 시조가 되는 중국 고대 사상가예요. 인(仁)을 강조한 공자의 유교 사상은 중국뿐만 아니라 우리나라, 일본 등에도 큰 영향을 끼쳤어요. 《논어》는 공자의 말씀과 행동을 제자들이 기록한 책이랍니다.

우정을 배신한 오 생원

옛날 옛적에, 김 부자라는 사람이 한양에 살았어요. 그에게는 오 생원이라는 절친한 친구가 있었는데, 집이 몹시 가난했대요. 이것을 무척 딱하게 여긴 김 부자는 오 생원이 생활을 꾸려갈 수 있도록 틈틈이 돈을 건네주곤 했어요.

그러던 어느 날 김 부자가 오 생원을 찾아왔어요. 김 부자에게는 큰 걱정거리가 하나 있었거든요.

"내 지금 늙어서 살 날이 얼마 남지 않았네. 그런데 자식이 아직 어려서 여간 걱정이 아니라네. 착하긴 한데 야무지진 못하거든. 그 탓에 남한테 쉽게 속아 넘어간단 말이야. 그런 일이 없기를 바라네만, 아마도 물려준 재산을 모두 까먹을 성싶으이. 그래서 부탁인데, 지금 십만 냥을 줄 터이니 이 돈으로 이익을 늘려서 자네 집안을 일으키게나. 그러다가 훗날 내 자식이 잘못되어 생활이 곤란해지거든 그때 본전만 돌려주면 참으로 고맙겠네."

김 부자의 부탁에 오 생원은 감격한 얼굴로 친구의 두 손을 꼭 그러쥐었어요.

"어찌 감히 자네 말대로 하지 않겠나? 나야말로 자네가 고마울 뿐일세. 이자와 본전을 다 돌려달라고 해도 고맙게 생각할 따름이네. 정말 고마우이!"

"자네만 믿네. 꼭 나와의 약속을 지켜 주게나."

김 부자는 친구를 믿고 가져온 십만 냥을 선뜻 내주었어요.

그로부터 몇 해가 지났어요. 그동안 김 부자는 병을 얻어 세상을 떠나고, 가난했던 오 생원은 김 부자가 준 돈을 늘려서 큰 부자가 되었어요. 그리고 김 부자의 아들은 정말 남의 꾐에 빠져 물려받은 재산을 모두 잃고 말았대요.

"저승에 계신 아버지를 어찌 뵐꼬······."

꺼이꺼이 땅을 치며 통곡하던 아들은 이제껏 품에 간직해 왔던 편지 한 통을 꺼냈어요. 집안이 어려워지면 읽어 보라고 아버지가 남겨 준 편지였어요. 편지에는 오 생원에게 십만 냥을 맡긴 사연이 적혀 있었지요.

그리하여 김 부자의 아들은 아버지의 옛 친구인 오 생원을 찾아가게 되었어요.

"제 아버님께서 살아 계실 때 맡기셨다는 십만 냥을 이제 돌려주셨으면 합니다."

"으잉? 그게 무슨 뚱딴지같은 소린가? 자네 아버지가 나한테 돈을 맡기다니?"

오 생원은 돈을 돌려주기는커녕 오히려 큰소리치며 김 부자의 아들에게 창피를 주기까지 했어요. 그래도 김 부자의 아들은 여러 차례 그 집을 찾아가 애원했어요. 그때마다 오 생원은 얄밉게도 시치미를 뚝 떼곤 했지요.
　"흑흑, 내 어찌 이렇게 당하고만 있겠는가!"

김 부자의 아들은 오 생원을 관아에 고발하기로 했어요. 그런데 관아에서는 오 생원이 김 부자한테 십만 냥을 받았다는 뚜렷한 증거가 없으니 무죄라는 판결을 내리지 뭐겠어요? 오 생원이 관리들에게 돈을 주어 자기에게 유리한 판결을 내리도록 미리 말을 맞추어 놓았기 때문이었지요.

"세상에 이럴 수 있나. 가난하고 힘없는 사람에게는 나라의 법이 헌신짝에 지나지 않는구나!"

김 부자의 아들은 눈물을 철철 흘리며 탄식했어요.

그러던 어느 날 그의 처지를 잘 아는 이웃 하나가 찾아와 이런 말을 귀띔해 주었어요.

"경상도의 정만석이라는 사또가 아주 청렴하다더군. 정승까지 지낸 양반인데, 판결을 잘 내린다고 하니 한번 가 보게나."

그날로 김 부자의 아들은 정만석 사또를 찾아가 마지막으로 자신의 억울함을 하소연했어요.

"어허, 아무리 친구가 죽고 없다지만, 어찌 친구의 의리를 함부로 저버린단 말인가. 의리와 은혜를 모르는 철면피로다."

이야기의 앞뒤 사정을 전해 들은 사또는 곰곰이 생각하더니, 김 부자의 아들에게 일렀어요.

"알았다. 너는 물러가서 다시 부를 때까지 기다리도록 해라."

그런 뒤 사또는 한양으로 사람을 보내 오 생원을 잡아들였어요.

"네 이놈, 사실대로 말하라. 네놈이 팔도 큰 도둑의 하수인이 되어 몇십만 금을 훔쳤으렷다!"

"아이고, 억울하오! 저는 젊어서부터 늙어서까지 별걱정 없이 살았는데 어찌 남의 물건을 빼앗는단 말이오. 내가 도둑이라는 건 천부당만부당한 말이오."

사또가 두 눈을 부릅뜨고 호통을 치자 오 생원은 억울해했어요. 그러자 사또는 옥에 갇혀 있던 도둑 하나를 불러왔어요. 그런데 그 도둑이 오 생원을 보더니 다짜고짜 이렇게 말하지 않겠어요?

"여보게. 자네 어찌 그리 시치미를 뚝 떼나? 내가 한 달 전에 십만 금을 맡기고 보름 전에도 십만 금을 맡겼으니, 모두 이십만 냥 아닌가. 자네와 내가 주고받은 것이 분명한데, 저 혼자 살겠다고 발뺌하다니……. 몹시 섭섭하네!"

오 생원으로서는 기가 막힐 노릇이었지요.

"야, 이 도둑놈아! 나는 너를 전혀 본 적이 없는데 무슨 허튼소리냐! 사람을 구렁텅이로 빠뜨리면 네가 잘될 성싶으냐?"

오 생원이 펄쩍 뛰며 울화통을 터뜨렸어요.

사실은 사또가 일부러 그렇게 말하라고 도둑에게 시킨 거였지요. 하지만 사또는 모르는 척하고 더 크게 호통을 쳤어요.
"어허, 이놈이 여기가 어디라고 아직도 오리발을 내미느냐! 너는 일찍이 가난하게 살았다던데 어느 날 갑자기 큰 부자가 되었다. 이 어찌 이상한 일이 아니겠느냐. 분명히 너는 도둑과 한패로다! 여봐라, 저놈이 진실을 말할 때까지 혼을 내 주어라!"
"예이!"

사또의 명령이 떨어지자마자 험상궂은 얼굴을 한 포졸들이 오 생원에게 곤장을 때리려고 달려들었어요. 오 생원은 잔뜩 겁에 질려 얼굴이 퍼레졌지요. 결국 오 생원은 벌벌 떨며 땅에 머리를 조아려댔어요.

"아이고, 살려 주십시오. 사실을 다 말하겠습니다요. 일찍이 저와 절친했던 김 부자가 십만 냥을 빌려 주었습지요. 저는 그 돈으로 이익을 늘려 부자가 되었습니다. 맹세하건대, 저는 남의 물건을 털끝만큼도 빼앗은 적이 없습니다요."

오 생원이 솔직히 고하자 그제야 사또는 고개를 끄덕였어요. 그리고 김 부자의 아들을 불러들여 물었어요.

"너는 저 사람을 아느냐?"

"저이는 저와 재판 중인 오 생원이라는 자입니다."

오 생원은 김 부자의 아들을 보고 말 한마디 못했어요.

"네 이놈! 어려울 때 너를 도와주던 친구와의 약속을 배신하다니, 이보다 더 큰 죄가 또 어디 있단 말이냐!"

사또가 크게 호통을 쳤어요.

"죽을죄를 지었습니다. 죽을죄를 지었습니다."

오 생원은 벌벌 떨며 싹싹 빌 뿐이었어요.

이리하여 김 부자의 아들은 돈 십만 냥을 받을 수 있었지요. 하지만 그는 마음이 편하지 않았어요. 왜냐고요? 오 생원이 아버지의 우정을 배신했으니, 저승에 있는 아버지가 이 사실을 알고 얼마나 괴로울까 걱정스러웠기 때문이지요.

백두 낭자·한라 도령이 들려주는 참된 친구 이야기

의리 없는 벗은 사귀지 마라

오 생원은 자신을 도와준 친구와의 약속을 쉽게 저버리고 말았어요. 그것도 재물에 눈이 어두워서 말이에요. 친구를 사귈 때 중요한 것은 무엇일까요? 김 부자와 오 생원의 이야기를 통해 여러분은 어떤 생각이 들었나요?

   김 부자는 분명히 저승에서도 무척 가슴이 아팠을 거예요. 믿었던 친구가 자신과의 우정과 의리를 배신했으니까요. 더군다나 사랑하는 아들과 소중히 여겼던 친구가 서로 좋지 않은 사이가 되었으니 얼마나 속상했겠어요?
   우리 조상들은 《명심보감》이라는 책에서 이렇게 충고했답니다.
   '열매를 맺지 않는 꽃은 심지 말고, 의리 없는 벗은 사귀지 마라.'
   꽃이란 열매를 맺기 때문에 꽃이라 불리는 거지요. 그런데 열매를 맺지 않는다면 꽃이라 할 수 없어요. 마찬가지로 의리를 모르는 친구 또한 친구라고 할 수 없답니다.
   의리 없는 친구란 앞뒤 말이 서로 다르며, 신의를 저버리고 우정을 배신하는 사람을 말하지요. 오 생원처럼 자기한테 이익이 있을 것 같으면 간이라도 빼어

줄 듯 좋아하다가도, 이익이 없다 싶으면 언제든지 돌아서 버리는 바로 그런 사람 말이에요. 이런 친구는 진실로 믿고 사귈 수 없어요. 잘못하면 나중에 해를 끼치기까지 하니까요.

그러니 여러분은 의리를 지킬 줄 아는 사람을 벗으로 삼아야겠지요. 물론 여러분 자신이 친구와의 의리를 소중히 여기고 우정을 지키기 위해 애쓰는 사람이 되어야 하겠고요.

'명심보감(明心寶鑑)'은 마음을 밝혀 주는 보배로운 거울이라는 뜻이에요.

한 걸음 더

▲ 김홍도 〈서당〉

조선 시대 어린이들은 서당에서 공부를 했거요. 《명심보감》은 서당에서 《천자문》을 공부한 후 배우는 당시의 초급 교과서 중 하나였지요. 《명심보감》에는 공자와 맹자 같은 성현들의 좋은 말씀과 글귀가 가득하답니다.

아름다운 벗, 사다함과 무관

화랑도라는 말을 들어 본 적 있나요? 화랑도는 신라 시대 때 있었던 청소년 단체이지요. 국선도, 풍월도, 원화도, 풍류도 등으로 부르기도 했어요.

화랑도에 소속된 청소년을 화랑이라고 일컬었어요. 화랑들은 팔도강산을 돌아다니며 몸과 마음을 수련하고, 지식과 사회 규범을 배웠어요. 또 다른 나라가 쳐들어오면 전쟁터에 나가 용감히 적을 물리치기도 했고요.

이번 이야기는 바로 그 가운데 어느 화랑의 이야기랍니다.

신라 제24대 임금인 진흥왕 대 사다함이라는 화랑이 있었어요. 사다함은 총명하고 용감했으며 의리를 목숨처럼 소중히 여기는 소년이었어요. 그래서 화랑들의 우두머리로 뽑혔지요.

사다함에게는 무관이라는 친구가 있었어요. 왕족 출신인 사다함과 달리 무관은 보통 집안의 자손이었어요. 하지만 두 사람은 깊이 사귀었대요. 서로 마음과 뜻이 통하니 신분은 그리 중요하지 않았던 거지요.

사다함과 무관은 진실로 서로를 아꼈어요. 그리고 만날 때마다 다짐하듯 이렇게 약속하고는 했어요.

"우리는 죽어도 같이 죽고 살아도 같이 산다!"

그러던 어느 날이었어요. 진흥왕이 국토를 넓히기 위해 이웃 나라인 가야를 치고자 했어요. 이 소식을 들은 사다함은 제일 먼저 무관에게 달려가 의논했어요.

"화랑인 우리가 가만히 있을 수 없지. 싸움터에 나가 충성으로써 나라의 은혜에 보답해야 해."

"좋아. 네가 장군님께 우리 화랑들이 싸움터에 나가겠다고 청해 봐. 난 화랑들에게 네 생각을 전할게. 아마 모두 찬성할 거야!"

"하하하, 난 네가 있으면 아무것도 두려울 게 없어!"

두 사람은 서로 눈을 마주치며 미리 약속이나 한 것처럼 힘차게 외쳤어요.

"우리는 죽어도 같이 죽고 살아도 같이 산다!"

그러고는 각자 제 할 일을 위해 뛰어갔어요.

사다함은 이사부 장군을 찾아갔어요. 이사부 장군은 왕의 명령을 받들고 군대를 점검하던 중이었지요.

"저도 가야를 공격하는 싸움에 참가하게 해 주십시오."

갑자기 뛰어나온 낯선 소년에 이사부 장군이 흠칫 놀랐어요. 예사롭지 않은 소년의 눈빛에 끌린 장군이 물었어요.

"흠, 아주 어려 보이는데……. 도대체 몇 살이냐?"

"열다섯 살입니다."

"이름은 무언가?"

"사다함입니다."

"오호, 네가 그 유명한 화랑 사다함이로구나. 그래, 진정 싸움터에 나가고 싶으냐? 자칫하면 목숨을 잃을 수도 있을 터인데?"

"그렇습니다. 저와 저를 따르는 낭도들은 신라를 위해 기꺼이 목숨을 바치겠습니다. 모두 각오가 되어 있습니다!"

"하하하! 그 기상이 참으로 높구나. 좋다, 네 뜻대로 하라. 그리고 반드시 우리 신라 화랑들의 용감함을 보여 주도록 하라."

이사부 장군은 흔쾌히 허락해 주었어요.

사다함은 날아갈 듯이 기뻤어요. 전쟁에서 이길 자신이 있었거든요. 바로 그를 따르는 천여 명의 용감한 화랑들과, 죽어도 함께 죽고 살아도 함께 살기로 한 무관이 있으니까요.

싸움터에 나가기 전날 밤이었어요. 사다함과 무관은 달빛 아래에서 두 손을 꼭 잡고 굳게 맹세했어요.

"죽어도 같이 죽고 살아도 같이 산다! 저 달이 우리의 약속과 우정을 지켜보리라."

"적들 앞에 물러섬 없이 용감하게 싸우고 살아서 돌아오자!"

다음 날, 사다함과 무관은 서로의 굳은 맹세를 가슴에 새긴 채 싸움터에 나갔어요. 사다함이 거느린 소년 군대를 본 가야 군사들은 코웃음을 쳤어요.

"쯧쯧, 신라도 참 딱하군. 오죽 싸울 사람이 없으면 저런 젖비린내 나는 애송이들을 다 내보냈을까?"

"누워서 떡 먹기로구먼."

하지만 신라의 화랑들은 기죽지 않고 소리쳤어요.

"길고 짧은 것은 대 봐야 알지!"

"작은 고추가 더 맵다는 말도 모르느냐!"

드디어 가야군의 우두머리가 공격 명령을 내렸어요.

"하하하, 도토리만 한 것들이 입은 살아서 잘도 떠드는구나. 여봐라, 가야의 호된 맛을 보여 주어라!"

호령이 떨어지자마자 가야 군사들이 함성을 지르며 창을 들고 돌진해 왔어요.

그러자 맨 앞에 섰던 사다함이 가야군의 우두머리를 향해 활을 겨누었어요. 우르르 몰려오는 가야군을 뜨끔하게 해 주어야 한다고 생각했거든요. 화살은 '쌩' 하고 날아가 가야군 우두머리의 심장에 정확히 꽂혔어요.

"윽!"

가야군의 우두머리가 신음을 내며 말에서 굴러떨어졌어요. 그와 동시에 우렁찬 함성이 울려 퍼졌지요.

"와아! 와아!"

바로 사다함이 이끄는 신라의 화랑들이었어요.

"신라의 화랑들이여, 적진을 향해 돌격하라."

사다함은 화랑들에게 힘차게 공격 명령을 내렸어요.

　사기가 하늘을 찌를 듯하던 가야 군사들은 당황하여 질서를 잃고 우왕좌왕하기 시작했어요. 사다함의 소년 군대는 함성을 지르며 가야군을 용감하게 무찔렀어요.

　그런데 바로 그때, 가야 군사 한 명이 사다함을 찌르려고 등 뒤에서 창을 들고 달려왔어요.

　"사다함, 피해!"

　이것을 본 무관이 싸우다 말고 소리치며 그 가야 군사에게 창을 던졌어요. 그 바람에 무관은 다른 가야 군사의 창에 큰 상처를 입고 말았지요.

　"무관, 차라리 내가 창에 찔렸더라면 좋았을 것을……."

　무관 덕분에 생명을 건진 사다함이 눈물을 흘렸어요. 그러나 무관은 오히려 씨익 웃으며 사다함을 이렇게 위로해 주더래요.

"넌 우리 화랑의 대장이잖아. 그리고 이 상처는 며칠 치료하면 금방 나을 거야. 다음에는 네가 나를 구해 줘야 해, 알았지?"

이렇게 해서 신라군은 가야군을 이길 수 있었어요. 온 나라는 승리의 소식으로 떠들썩했고, 모두 사다함과 화랑들을 목이 마르도록 칭찬했어요. 진흥왕도 매우 기뻐했지요.

"오, 장하구나! 어린 나이에 그토록 용감하게 싸우다니. 사다함과 화랑들이 있는 한, 신라의 앞날은 저 해처럼 밝으리라. 용감한 화랑들에게 큰 상을 내리도록 하라!"

이렇게 사다함은 친구 무관을 비롯한 천여 명의 화랑과 함께 용맹을 떨쳤어요.

그런데 큰일이 났어요. 이 년 뒤, 무관이 이름 모를 병에 걸리고만 거예요. 사다함이 몇 날 며칠을 밤새워 정성껏 돌보았지만, 무관은 시름시름 앓다가 자꾸 의식을 잃어 갔어요. 그러더니 얼마 못 가 세상을 뜨고 말았지요.

"무관! 무관! 나를 두고 가면 안 돼! 우리는 죽어도 같이 죽고 살아도 같이 살기로 약속했잖아?"

사다함은 울부짖으며 친구의 곁을 떠날 줄 몰랐어요. 어찌나 슬퍼했던지 밥 한술도 뜨지 못했대요. 주위 사람들이 함께 슬퍼하며

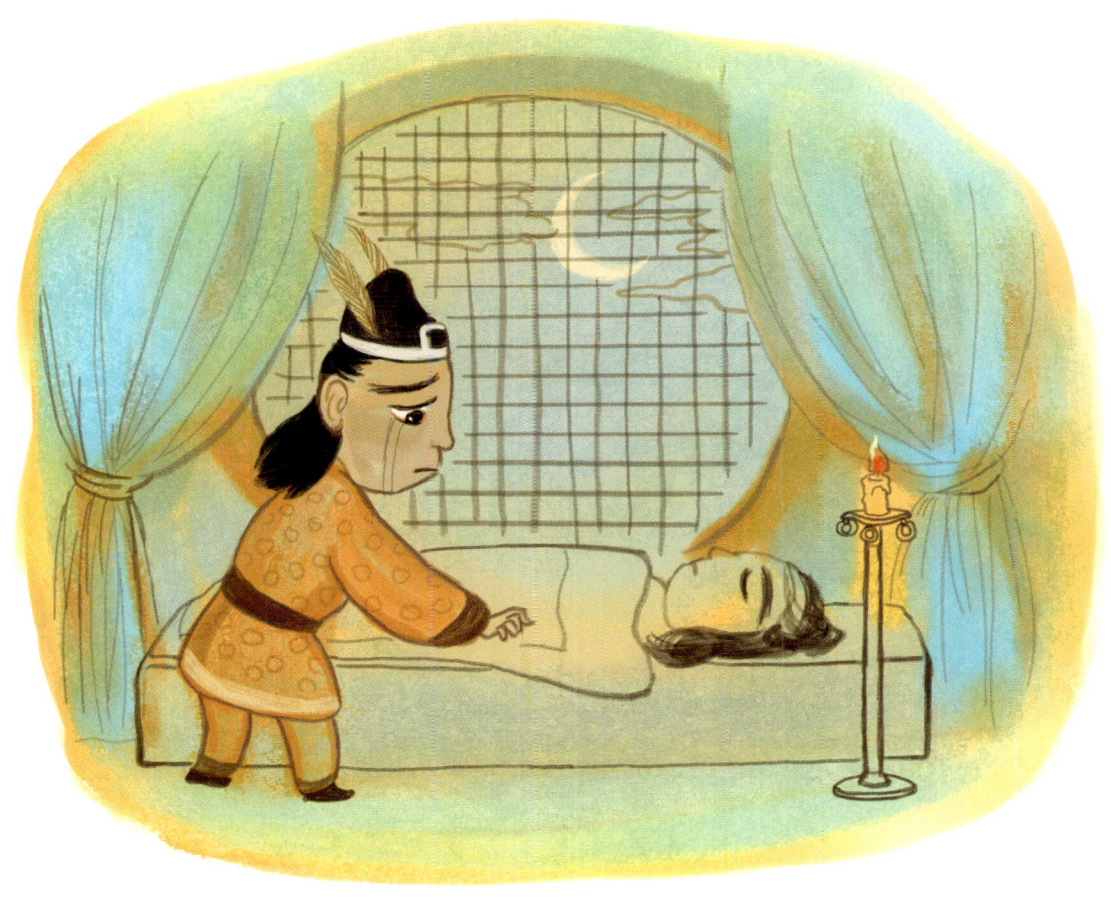

사다함을 위로해 주었지만 아무 소용 없었어요.

  그렇게 이레를 굶은 사다함은 달빛 아래에서 친구를 그리워하며 스스로 목숨을 끊고 말았어요. 같이 살고 같이 죽자는 그 맹세를 잊을 수가 없었던 거지요.

백두 낭자·한라 도령이 들려주는 참된 친구 이야기

마음을 알아주는 친구

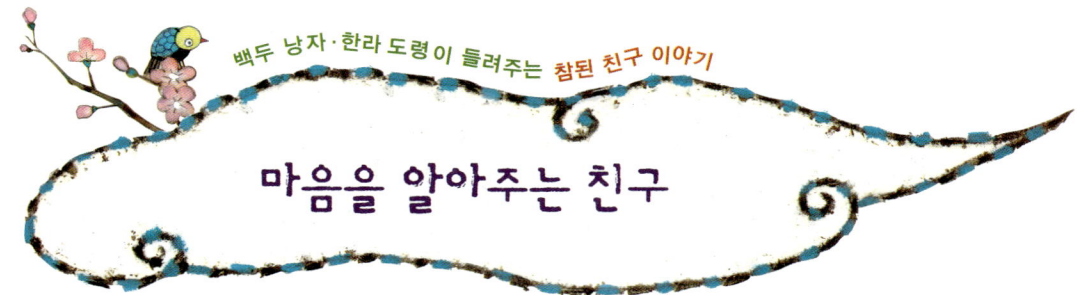

우리 조상들은 옛날부터 벗과의 우정을 귀하게 여겨 왔어요. 특히 신라 화랑들은 '교우이신(交友以信)'의 가르침을 받았지요. 교우이신은 친구와 사귈 때는 믿음과 의리가 있어야 한다는 뜻이에요. 아마 이런 가르침 덕분에 사다함과 무관 같은 아름다운 벗들이 생겨났나 봐요.

무관은 사다함의 '지기지우(知己之友)'였어요. 지기지우란 나의 마음을 알아주고 이해해 주는 친구라는 뜻이에요. 지기지우라는 말이 따로 생겨났을 만큼, 그런 친구를 만나기란 좀처럼 쉬운 일이 아니지요.

그런데 이렇듯 마음을 알아주고 뜻이 통하는 친구 무관이 이 세상을 떠났으니 사다함의 가슴이 얼마나 허전했겠어요. 아주 큰 슬픔과 외로움이 뼛속 깊이 사무쳤겠지요. 사다함은 죽음의 세계에서라도 무관과 우정을 나누고 싶어 스스로 목숨을 끊었을 거예요.

자살은 결코 올바른 행동이 아니에요. 하지만 지기지우를 잃은 사다함의 슬픔이 얼마나 컸을지는 짐작이 되지 않나요?

사다함과 무관 같은 벗이 있다면 세상 부러울 게 없을 거예요. 진실한 친구

한 명만 있어도 수많은 재산을 지닌 것과 마찬가지라고 하잖아요. 그만큼 친구는 살아가는 데 큰 힘이 되어 주는 버팀목이지요. 여러분에게도 그런 버팀목이 생겼으면 정말 좋겠어요. 그래서 사다함과 무관처럼 아름다운 우정을 오래도록 가꾸어 나가기를 바랍니다.

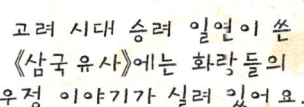

고려 시대 승려 일연이 쓴 《삼국유사》에는 화랑들의 우정 이야기가 실려 있어요.

한 걸음 더

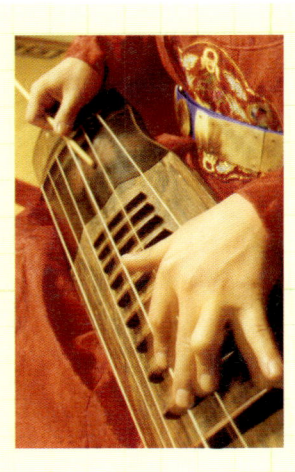

지기지우는 지음(知音)이라고도 해요. 이 말은 중국 춘추 시대 거문고의 명수 백아와 그의 친구 종자기의 이야기에서 생겨난 말이에요. 종자기는 백아가 연주하는 거문고 소리만 듣고도 백아의 속마음이 어떤지 알아차렸다고 해요. 둘은 그만큼 절친한 벗이었지요.
그런데 종자기가 죽자 백아는 거문고 줄을 끊고 두 번 다시 거문고를 타지 않았다고 해요. 이 세상에 자기의 거문고 소리를 진정으로 이해해 줄 참된 친구가 없어졌다고 생각했기 때문이지요.

두 형제의
참된 친구 찾기

옛날 옛날 한 마을에 형과 아우가 살았어요. 두 사람은 나이 터울이 많이 져, 형이 마치 아버지처럼 아우를 돌보았지요.

"난 친구들이랑 있는 게 참 행복해!"

아우는 친구 사귀기를 좋아하여 날마다 밖에 나가 친구들과 어울렸어요. 여행할 때도, 술을 마시고 놀 때도, 또 공부할 때도 늘 친구들이랑 함께 했지요. 그러다 보면 며칠째 집에 들어가지 않기가 일쑤였어요. 또 어떤 날엔 사방에서 친구들을 우르르 몰고 와 집안이 잔치라도 열린 것처럼 떠들썩했고요.

그러던 어느 날 형이 물었어요.

"오늘 다녀간 젊은이들이 모두 네 친구냐?"

"그럼요. 모두 저랑 절친한 친구예요."

"친구는 참으로 사귀기 어려운 것인데, 거 참 재주도 좋구나. 그래, 정말 저들이 다 너의 진정한 친구들이란 말이냐?"

"당연하지요. 우리는 슬픈 일이 있으면 함께 슬퍼해 주고, 기쁜 일이 있으면 함께 기쁨을 나누는 사이인걸요."

"그럼 내가 그 우정을 한번 시험해 봐도 괜찮겠느냐?"

"우정을 시험해 본다고요?"

"그래. 어려움을 당했을 때 그 어려움을 함께 나누는 친구야말로 진짜 친구란다. 그러니 내가 하라는 대로 한번 해 볼 테냐?"

"하하하, 좋아요. 전 자신 있습니다. 보나 마나 다 자기 일처럼 나를 도와줄 게 뻔해요. 두고 보시라니까요."

아우가 자신 있게 말했어요.

형은 당장 머슴을 시켜 돼지 한 마리를 잡았어요. 그러고는 자루에 넣어 마치 사람 시체인 것처럼 꾸몄지요.

그 사이 날은 어둑어둑해졌어요. 형이 자루를 짊어지고 일어서며 아우에게 말했어요.

"자, 그럼 너의 가장 친한 친구에게 가 보자."

"네! 따라만 오세요."

아우는 기대에 차서 성큼성큼 앞장섰어요.

얼마쯤 갔을까, 아우는 어느 집 앞에서 멈추더니 대문을 조심스럽게 두드리며 속삭이듯 외쳤어요.

"여보게, 날세! 한밤중에 미안하지만 좀 나와 보게나!"

그러자 한참 뒤에 아우의 친구가 하품을 하며 나왔어요.

"무슨 일로 이 밤중에 날 찾아왔나?"

아우는 겁에 질린 목소리로 이렇게 속삭였어요.

"아이고, 큰일 났네. 우리 집에 도둑이 들었는데, 싸우다가 내가 잘못하여 그 도둑을 죽이고 말았어. 지금 시체를 짊어지고 형님이랑 같이 왔는데, 자네가 날 좀 도와주게나, 응?"

아우의 친구는 화들짝 놀랐어요.

"아이고, 저런! 정말 큰일 났구먼. 알았네. 일단 내가 안에 들어가서 생각해 봄세."

아우의 친구는 그렇게 말하고는 저 혼자만 내빼듯 집으로 들어가 버렸어요. 문을 쾅 닫고 걸어 잠근 채로 말이에요.

"아니, 저 친구가······."

아우는 머쓱해져서 머리를 긁적거렸어요. 그래도 나 몰라라 하지는 않겠지 싶어 한참을 서서 기다렸답니다. 하지만 그 친구는 다시는 코빼기도 내밀지 않았어요. 이름을 불러도 대답하지 않는 것이, 아무래도 아우의 일을 모르는 척하려는 것이 분명했어요. 믿었던 친구가 이렇게 나오자 아우는 분한 마음이 들었어요.

"다른 친구 집으로 가 보자."

속상해하는 아우가 안 되어 보였던지 형이 아우의 등을 토닥여 주었어요.

"이번 친구는 틀림없이 저를 도와줄 거예요."

아우가 다시 앞장서면서 다른 친구를 찾아갔어요. 그런데 그 친구 또한 소스라치게 놀라며 발뺌하느라 정신없지 뭐예요.

"이크! 이를 어쩌나……. 도와주고 싶은 마음이야 굴뚝같은데, 마침 우리 집에 안 좋은 일이 생겼어. 이거 미안해서 어쩌지?"

두 번째 친구도 서둘러 집안으로 들어가 버리자, 형이 한심하다는 얼굴로 아우한테 물었어요.

"쯧쯧, 네 절친한 친구들은 다 이와 같으냐?"

아우는 이번에도 거절당하자 형을 볼 낯이 없었죠. 하지만 나머지 친구들은 다르리라 생각하며 세 번째 친구를 찾아갔어요.

그런데 세 번째 친구는 아우의 말을 다 듣지도 않고 벌컥 화부터 냈어요.

"자네는 어찌 그 모양인가? 자기가 저지른 잘못에 친구인 나를 끌어들여 화를 입히려는 건가? 빨리 다른 곳으로 가 보게나!"

친구의 매정한 말에 아우는 기가 막혔어요.

그래도 아우는 친하게 지내던 친구들이 설마 자기의 처지를 그렇게 몰라줄까 싶어 서너 집을 더 찾아다녔어요. 하지만 모두 핑계를 대며 슬슬 피할 뿐이었어요.

아우는 엉엉 울고 싶은 심정이었지요. 술 마시고 놀고 할 때는 간이라도 빼 줄 듯 모두 친하게 굴더니, 어려움을 당해 도와달라고 손을 내미니까 달아나 버리려고만 하다니요.

형은 묵묵히 아우를 지켜보다가, 아우의 등을 두드리며 이렇게 말했어요.

"나에게는 친구 한 사람이 있다. 저 아랫마을에 살고 있는데 만난 지 꽤 오래되었구나. 아무튼 찾아가 보도록 하자."

이번에는 아우가 자루를 짊어지고 형이 앞장서서 걷기 시작했어요. 아우는 형의 친구도 자기 친구들과 크게 다르지 않을 것이라 생각했지요.

아랫마을에 도착한 형은 어느 허름한 집 앞에서 친구를 불렀어요. 그리고 사정을 이야기했지요.

"이 사람아, 누가 보기 전에 어서 안으로 들어와!"

형의 사정을 다 듣고 난 형의 친구는 형을 집안으로 잡아끌었어요. 그리고 서둘러 삽과 괭이를 내오더니 안방 구들을 열심히 파기 시작했어요.

형의 친구는 우두커니 서 있는 형과 아우를 보자 답답하다는 듯 재촉하며 말했어요.

"자네들도 어서 나를 도와주게나. 조금이라도 늦어지면 곧 날이 밝아 남들 눈에 띌 게 아닌가."

"생각해 보니 자네한테 화가 미칠 것 같아서……."

"원, 별소리를 다 하는구먼. 일단 이 자루부터 감추고 뒷일을 함께 의논하도록 하세."

친구의 말에는 진심이 듬뿍 담겨 있었어요. 그제야 형은 친구의 두 손을 덥석 잡으며 껄껄 웃었어요.

"괜히 놀라게 했구먼. 이것은 사람의 시체가 아니라 바로 돼지일세, 하하하."

"그, 그게 무슨 뚱딴지같은 소린가?"

어리둥절해하는 친구에게 형은 아우가 짊어진 자루를 가리키며 자초지종을 이야기해 주었지요. 그러자 그 친구도 껄껄 웃으며 고개를 끄덕였어요.

"아우야, 너는 늘 친구가 많다고 자랑했지. 참으로 행복하다고 말이야. 하지만 그 가운데 너를 돕겠다고 선뜻 나서는 사람은 한 명도 없구나."

형의 말에 아우는 얼굴이 시뻘게지고 말았어요.

"나는 너처럼 친구가 많지는 않지만, 내 어려움을 자기 일처럼 생각하고 함께 해결해 주려는 벗은 있다. 어려움에 부딪혔을 때 도와주는 친구가 진짜 친구인 거야. 이런 진정한 친구 하나만 있으면, 네 친구 같은 사람 백 명도 전혀 부럽지 않구나."

말을 마친 형은 돼지고기를 안주 삼아 친구와 오랜만에 술을 나누었어요. 이 일이 있고 나서 아우는 크게 뉘우치고 친구 사귀기를 함부로 하지 않았다고 해요.

어려울 때 도움을 주는 친구

백두 낭자·한라 도령이 들려주는 참된 친구 이야기

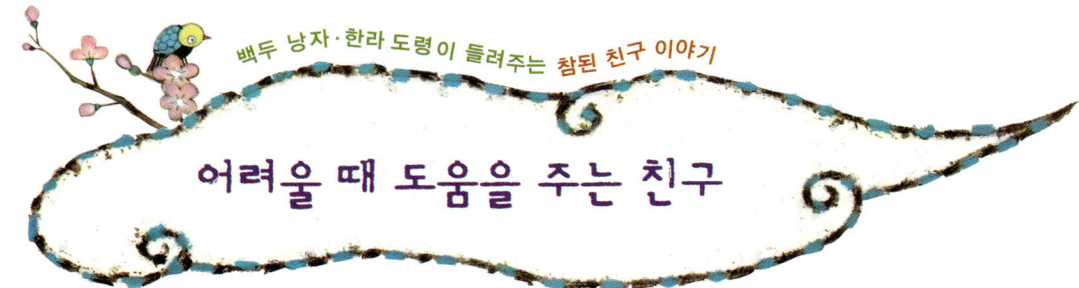

여러분 주변에는 또래 친구들이 참 많을 거예요. 같은 학교, 같은 반에서 함께 공부하는 친구, 놀이터에서 어울려 노는 친구, 학원에서 만나게 된 친구, 어릴 적 소꿉친구 등등 말이에요. 그렇다면 그 많은 친구 가운데 과연 어떤 친구가 진정한 벗일까요?

  우리 조상들은 이런 말을 남겼어요.
  '술과 음식을 함께 할 사람은 천 사람도 있지만, 위급하고 어려울 때의 친구는 한 사람도 없다.'
  그래요. 맛있는 것이 있을 때나 재미난 일이 있을 때에 함께 즐길 친구는 얼마든지 찾을 수 있어요. 하지만 위급하고 어려울 때 도움을 받을 수 있는 친구는 드물지요. 또 외롭고 슬플 때 내 마음을 털어놓고 위로받을 수 있는 친구도 그리 흔하지 않아요. 이것은 곧 진정한 친구를 사귀는 일이 그만큼 쉽지 않다는 것을 뜻해요.
  만약 여러분의 어려움을 자신의 어려움으로 알고 함께 해결해 가려는 친구가 있다면, 그 친구는 분명히 여러분의 진정한 벗일 거예요.

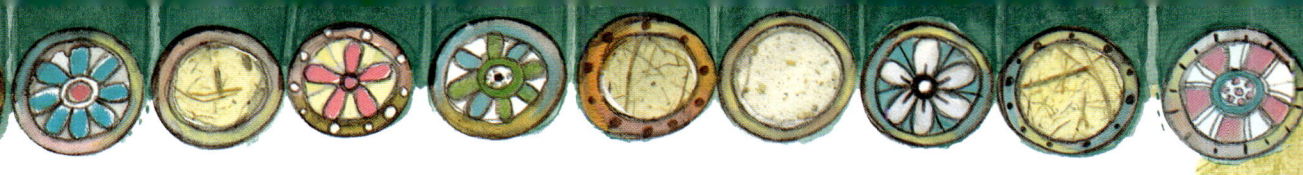

　그러니 오랫동안 꾸준히 서로 아끼고 마음을 주고받으면서 참된 우정을 키워 가는 것이 참 중요해요. 또한 한두 번 싸웠다고 해서 친구를 쉽게 포기해서도 안 되지요.

　앞의 이야기에서처럼, 백 사람의 아는 얼굴보다는 한 사람의 친구가 소중하다는 것을 절대 잊지 마세요. 그리고 친구의 일을 늘 자기 일처럼 살피는 사람이 되세요. 바로 나 자신부터 친구가 어려울 때 도와주고 이끌어 주는 사람이 되어야, 자신 또한 참된 친구를 얻을 수 있답니다.

여러분은 친구가 슬프고 힘들 때 위로하고 도와주는 참된 친구인가요?

한 걸음 더

▲ 밀레 〈만종〉

어려움에 처한 친구를 도울 때는 어떤 마음가짐이 필요할까요? 프랑스의 화가 밀레는 젊은 시절 몹시 가난했어요. 그의 친구 루소는 그런 밀레의 처지를 알고 그의 그림을 다른 사람의 이름으로 비싼 값에 사 주었지요. 친구의 자존심은 지켜주고 싶었거든요. 밀레는 루소의 따뜻한 우정과 배려 덕분에 〈만종〉 같은 훌륭한 작품을 그릴 수 있었답니다.

옛 친구의
충고

지금으로부터 약 500여 년 전, 그러니까 조선 제13대 임금인 명종이 왕위에 오른 지 꼭 십칠 년째 되던 해였지요.

명종은 과거 시험에 합격한 사람들의 이름을 죽 살펴보던 참이었어요. 그런데 합격자 가운데 아주 반가운 이름 하나가 적혀 있더래요.

"장원 급제자 정철……. 뭐? 정철이라고? 혹시……."

명종은 눈이 휘둥그레져서 시험관에게 물었어요. 사뭇 떨리는 목소리였지요.

"이번 과거에서 장원 급제한 정철은 누구의 자손이오?"

"옛 돈녕부(조선 시대 왕의 친척·외척과 관련된 일을 맡아 보던 관청)의 판관 벼슬을 했던 정우침의 아들이옵니다."

"아니, 그게 틀림없는 사실이오?"

시험관의 대답에 명종은 지그시 눈을 감았어요. 입가에는 빙그레 웃음이 머물고 있었지요. 명종의 머릿속에는 이십여 년 전의 일이 엊그제 일처럼 생생하게 떠올랐거든요.

붉은 소나무들이 용처럼 하늘로 뻗어 있고, 새들이 지저귀는 소리가 들려오던 쪽빛 하늘 아래였어요. 열 살이 될까 말까 한 두 소년이 궁궐 뜰 안을 뛰어다니며 칼싸움도 하고 숨바꼭질도 했어요.

때로는 다람쥐를 잡기도 하고, 연못에서 개구리를 잡으며 물장난을 치기도 했지요.

두 소년은 바로 명종 자신과 정철이었어요. 정철의 누나가 왕에게 시집을 간 덕분에 정철은 왕궁에 자주 드나들 수 있었지요. 그러면서 둘은 자연스레 친구가 되었던 거예요.

'내가 지금 스물아홉이니까 이제 그는 스물일곱이 되었겠구나. 벌써 이십여 년 전의 일인데 얼굴을 알아볼 수 있을까?'

명종은 몹시 마음이 떨렸어요. 어릴 때 함께 놀던 친구를 다시 만나게 되었으니, 이보다 행복한 일이 또 어디 있을까 싶었지요. 명종은 하루라도 빨리 정철을 만나고 싶었어요. 그래서 과거 합격을 축하하는 잔치의 날짜까지 앞당기도록 했지요.

드디어 잔칫날이 되었어요. 명종은 정철을 임금이 있는 곳으로 들라고 분부했지요. 이윽고 임금 앞에 정철이 나타났어요.

"어디 얼굴 좀 들어 보오. 옳거니, 그대 옛 모습이 아직도 살아 있구려!"

"상감마마!"

정철이 엎드린 채 기쁨의 눈물을 흘렸어요. 그러자 명종도 정철을 감싸 안으며 눈물을 글썽거렸지요.

과거에 일등으로 뽑힌 정철은 얼마 뒤 성균관의 관리로 임명받았어요. 그리고 곧 사헌부 지평이라는 자리에 올랐어요. 사헌부 지평은 관리가 제 할 일을 잘하고 있는지 조사하는 벼슬이었지요. 아무리 장원 급제한 사람이라도 이렇게 빨리 승진하기는 좀처럼 드문 일이었다고 해요.

정철은 임금의 지극한 보살핌에 고마운 마음을 감출 길 없었어요. 그래서 앞으로 무슨 일을 하든지 임금을 위해 목숨을 바치리라 굳게 다짐했지요.

그러던 어느 날, 나라 안에 큰 사건이 일어났어요. 임금의 사촌 형인 경양군이 그의 아버지와 짜고 제 부인의 남동생인 처남을 살해한 것이었어요. 그것도 처남의 재산을 빼앗기 위해서요.

이 사실을 전해 들은 명종은 매우 놀랐어요.

"경양군 부자가 큰 죄를 지었으니 사형을 당하게 생겼구나. 그렇지만 어찌 피를 나눈 혈육이 사형을 받도록 내버려 둘 수 있단 말인가……."

명종은 며칠 동안 잠도 못 이루고 고민했어요. 그러다가 정철을 생각해 냈지요.

"정철이 경양군 부자에게 사형만은 면하게 하자고 주장하면 다른 사람들도 크게 반대하지 않을 것이다. 그래, 정철에게 부탁하면 될 것이야."

그리하여 명종은 정철을 불러 간곡히 부탁했어요.

"사형만은 면하도록 그대가 애를 써 주오!"

정철은 깊은 고민에 빠졌어요. 어렸을 때의 친구이자 지금은 자신을 신하로서 아끼고 믿어 주는 임금인데, 그의 바람을 저버리려니 마음이 괴로웠던 거예요. 그렇다고 양심에 그릇된 일은 하고 싶지도 않았어요.

그렇게 갈피를 잡지 못하고 있을 때였어요. 정철은 길을 가다가 잠깐 어느 주막에 들렸지요. 그런데 옆에서 막걸리를 마시던 백성들이 주고받는 소리가 들려 왔어요.

"세상이 왜 이 모양이야? 우리 같이 아무것도 모르는 사람이면 또 몰라. 경양군은 왕족이 아닌가?"

"그러니 말일세. 윗물이 맑아야 아랫물이 맑다는데, 왕족이 그 모양이니 관리들은 또 어떻겠나?"

백성들은 경양군 부자 사건을 이야기하고 있었어요. 정철은 자기도 모르게 귀를 기울였지요.

"그나저나 사형을 받을까?"

"당연하지! 나라의 법이 퍼렇게 살아 있는데, 왕족이라도 법대로 해야지! 그렇지 않으면 너무 불공평하지 않은가?"

"그야 그렇지만 임금의 사촌형과 작은아버지인데, 어디 사형이야 시키겠어?"

"두고 보면 알겠지. 설령 법대로 하지 않는다 해도 우리가 뭘 어쩌겠나? 이렇게 평민으로 태어난 걸 탓할 수밖에……."

우연히 백성들의 생각을 듣게 된 정철은 비로소 마음을 굳힐 수 있었어요.

드디어 사헌부에서 회의가 열렸어요. 하지만 경양군 부자에게 어떤 형벌을 내릴 것인지 선뜻 입을 여는 사람이 없었어요. 한동안 긴 침묵만 흘렀지요.

드디어 정철이 일어나 말했어요.

"법에는 남의 재산을 가로채기 위해 사람의 목숨을 빼앗은 죄인은 누구를 막론하고 사형에 처한다고 되어 있습니다. 그런데 상감마마의 친척이라 하여 사정을 봐준다면 신성한 나라의 법을 더럽히게 됩니다."

사헌부 관리들은 정철의 말에 깜짝 놀랐어요. 곱지 않은 시선을 보내는 관리도 있었지요. 하지만 정철은 그런 것에 아랑곳하지 않고 말을 이어갔어요.

"또한 백성들이 나라의 법을 우습게 여길 터이니 그 뒷감당을 어찌하겠습니까? 그러니 나라의 법대로 경양군 부자에게 사형을

내려 나라의 기강을 바로잡는 것이 마땅하다고 생각합니다."

사헌부 관리들은 벼슬길에 나선 지 얼마 되지도 않은 정철이 이처럼 대쪽 같은 주장을 펴자 무척 놀랐어요. 하지만 모두 고개를 끄덕였지요.

"임금인 내가 부탁했거늘, 정철 그대가 이럴 수 있는가!"

사헌부에서 사형이라는 형벌이 결정되자 명종은 매우 화가 났어요. 그렇지만 임금이라도 어쩔 도리가 없었지요. 사헌부의 결정에 따를 수밖에요. 명종은 정철을 괘씸하게 생각하여 사헌부 벼슬에서 쫓아냈어요.

한편 백성들은 왕족이라도 용서해주지 않고 법대로 처리한 명종을 더욱 우러러보게 되었대요. 이러한 소식은 곧 명종의 귀에도 들어갔지요.

명종은 경양군 부자 사건을 다시 한번 돌이켜 보았어요.

"왕족으로서 처가의 재산을 빼앗기 위해 살인을 저지른 것은 도저히 용서할 수 없는 일이다. 그런 그들을 용서해 주었다면 나는 백성들의 믿음을 잃을 뻔했구나. 한때 정에 사로잡혀 어두워진 내 눈을 정철이 뜨게 해 주었어. 대나무처럼 곧고 푸른 그가 아니었다면 나는 큰 잘못을 저지를 뻔했어."

명종은 옛 친구의 우정과 신하로서 임금을 위하는 정철의 속마음을 가슴 깊이 느낄 수 있었지요. 그 뒤로 두 사람은 더욱 아름다운 우정을 이어 갈 수 있었다고 해요.

백두 낭자·한라 도령이 들려주는 **참된 친구 이야기**

진심 어린 충고를 해 주는 친구

정철은 친구의 앞날을 진실로 위하는 지혜로운 선택을 했어요. 자신이 곤경에 처할 것을 각오하고 말이죠. 하지만 그 덕분에 참된 우정을 지킬 수 있었지요. 이 이야기에서처럼 진정한 친구란 자신의 벗에게 올바른 충고를 할 줄도 알아야 한답니다.

친구가 그릇된 길을 가고 있는데 모르는 척한다는 것은 자기도 모르게 그 친구를 포기하고 있다는 것을 뜻해요. 그러한 우정은 오래가지 못할 게 뻔하지요. 벗을 위한다면 벗이 잘못된 길을 갈 때 올바른 충고를 할 줄 알아야 해요. 때로는 나 자신을 곤경에 빠뜨리고 친구한테 오해를 살 수도 있지만 정말 친구를 위한다면 그런 어려움은 참고 견뎌내야 하지요. 벗에게 진실한 충고를 할 수 있는 사람만이 좋은 벗이 될 수 있으니까요.

전라남도 담양에 있는 '송강정'이에요. 원래 이름은 '죽록정'이었는데, 송강 정철이 머물렀다 하여 송강정으로 불리게 되었지요.

또한 벗의 충고를 귀담아들을 줄도 알아야 해요. 그런데 자기한테 충고를 하거나 옳지 못한 일을 지적해 주면 고맙게 생각하기보다는 기분 나쁘게 생각하는 사람들도 있어요.

옛말에 '좋은 말은 천금보다 낫다'고 했지요. 좋은 말이란 듣기 좋은 아첨이 아니라, 진실이 담긴 말을 뜻해요. 그러므로 친구가 충고하면 당장은 듣기 싫고 기분 나빠도, 고맙게 여기고 가슴 깊이 새길 줄 알아야 한답니다.

어때요, 여러분은 그런 마음의 각오를 단단히 세웠나요?

그런데 아무리 옳은 말이라 해도 친구를 헐뜯기 위해 하는 말은 절대 바람직한 충고가 아니랍니다.

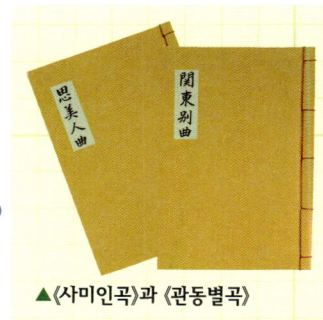

▲《사미인곡》과《관동별곡》

정철은 조정에서 물러나 4년 동안 송강정에 머물며《사미인곡》을 지었다고 해요. 이 작품은 임금을 그리워하는 신하의 마음을 여인이 남편과 이별하여 슬퍼하는 마음에 빗대어 표현했어요. 그밖에도 정철은《관동별곡》,《성산별곡》등 훌륭한 문학작품을 많이 남겼답니다.

의리를 저버린
흑룡강 용왕

강과 호수를 지키는 신들이 살던, 옛날옛날 하고도 아득하게 아주 먼 옛날이었어요. 동해를 지키는 용왕과 흑룡강을 지키는 용왕, 천지를 지키는 용왕이 의형제를 맺고 서로 오가며 사이좋게 지냈답니다.

그 가운데 제일 나이가 많은 동해 용왕이 맏이였고, 버금으로는 흑룡강 용왕이었어요. 그리고 천지 용왕이 막둥이였대요.

그러던 어느 여름날이었어요. 동해 용왕과 흑룡강 용왕이 천지 용왕의 안내를 받으며 폭포를 구경하고 있었지요. 그날따라 날씨가 유난히 맑아서 폭포를 구경하기가 딱 좋았답니다.

"오, 참으로 아름다운 광경이구나!"

동해 용왕과 흑룡강 용왕은 폭포를 감상하며 연신 감탄했어요. 폭포도 폭포였지만, 폭포에서 느니는 수십 명 여인들의 모습도 참으로 아름답기 그지없었거든요. 흰 날개를 활짝 펼치고 천길 벼랑에서 뛰어내렸다가는 폭포에서 떨어지는 물줄기에 튕겨 무지개 사이로 너울너울 춤을 추며 오가는데, 그 모습이 뭐라 말할 수 없이 아름답더래요.

그 가운데서도 남달리 분홍빛 옷을 입은 여인이 특히 빼어나게 아름다웠어요. 분홍빛 옷을 입은 여인이 춤을 출 때마다 등허리에

드리운 검은 머리가 치렁치렁 휘날리고 가는허리가 낭창낭창 움직이는데, 보는 이로 하여금 한시도 눈을 떼지 못하게 마음을 휘어잡았지요.

아름다운 그 모습에 정신을 홀딱 빼앗긴 이는 바로 둘째 흑룡강 용왕이었어요.

'야, 이 세상에 저렇듯 예쁜 여인이 또 있을까? 한번 사귀어 봤으면 소원이 없겠다.'

흑룡강 용왕은 막내 천지 용왕에게 넌지시 물었어요.

"저 분홍빛 옷을 입은 아가씨 이름이 무엇이냐?"

"아, 미홍이 말입니까? 미홍이는 제 셋째 부인이에요."

"그, 그러냐? 쩝……."

흑룡강 용왕은 천지 용왕의 대답에 아쉬운 듯 입만 쩝쩝 다셨어요. 그는 마음속으로 한숨을 쉬며 투덜댔어요.

'아이고, 하필이면 막둥이 동생의 부인일 게 뭐람!'

어느덧 밤이 깊었어요. 천지 용왕이 동해 용왕과 흑룡강 용왕을 위해 상다리가 휘어지도록 음식과 술을 내왔어요.

"형님들, 오늘은 날이 새도록 실컷 술에 취해 봅시다!"

"하하하. 달도 이처럼 밝고 진수성찬에다 맛좋은 술도 있으니,

암, 좋고말고."

"자, 내 잔부터 받아라!"

세 사람은 주거니 받거니 술잔을 돌리며 한껏 취했어요. 그런데 흑룡강 용왕은 술을 한 잔 두 잔 들이켤수록 미홍이의 아름다운 모습이 자꾸 떠오르더래요. 끝내는 동생 천지 용왕에게 제 속마음을 털어놓기에 이르렀어요.

"동생, 내 병 좀 고쳐 주게나. 처방은 자네만이 내릴 수 있네."

"제가 할 수 있는 일이라면 당연히 해 드려야지요."

천지 용왕이 진지하게 말하자, 흑룡강 용왕이 기쁜 마음을 드러내며 말했어요.

"미홍이 때문에 상사병으로 앓아눕게 생겼다네. 그러니까 동생, 미홍이를 나한테 넘겨주게."

"네에? 허허, 참 형님도. 미홍이는 제 부인입니다. 아우의 부인을 달라니, 세상에 그런 법도 있나요?"

"우린 의형제일 뿐 실제로는 서로 다른 핏줄을 타고났지 않는가? 안 된다는 법이야 없지."

그러자 옆에서 묵묵히 듣고 있던 동해 용왕이 둘째에게 벌컥 화를 냈어요.

 "얘, 둘째야. 너 정신 나갔니? 형제끼리의 의리는 둘째 치더라도, 친구끼리의 우정은 생각지도 않는 거야? 앞으로 그런 고약한 생각일랑 아예 말아라."

 흑룡강 용왕은 형이 꾸짖는 말에 머리를 푹 숙였어요. 하지만 그렇다고 해서 속마음이 달라진 건 아니었어요.

 그 뒤로 한 달이 흘렀어요. 두 형이 또 백두산으로 놀러 왔지요. 세 사람은 온천에서 시원하게 목욕을 하고 낮잠을 청했어요.

 얼마나 지났을까요. '꺄악' 하고 여인들의 겁에 질린 소리가 잠결에 들려 왔어요. 동해 용왕과 천지 용왕이 어리둥절해하며 눈을 비비고 깨어났지요. 그런데 흑룡강 용왕이 온데간데없이 사라져 버리고 보이지를 않았어요.

 "꺄악!"

 여인들의 비명이 다시 들려 왔어요. 뭔가 짐작이 간 천지 용왕이 쪽빛 용검을 쥐고 서둘러 소리 나는 곳으로 뛰어갔어요. 그곳에서는 흑룡강 용왕이 미홍이를 옆구리에 차고는 어디론가 끌고 가려는 중이었어요.

"놓아라! 놓아라!"

미홍이는 눈물범벅이 되어 고래고래 소리 지르며 흑룡강 용왕의 손아귀에서 벗어나려고 발버둥쳐 댔어요. 하지만 흑룡강 용왕의 힘을 당해 낼 수는 없었지요. 그 모습을 본 천지 용왕의 눈에는 불꽃이 확 일었어요.

"이놈아! 내 칼을 받아라!"

천지 용왕이 천둥 같은 소리를 지르며 달려들었어요.

그러자 흑룡강 용왕도 미홍이를 내던지고 동생과 맞섰어요.
'챙! 챙! 챙!'
용검과 용검이 맞부딪칠 때마다 불꽃이 번쩍이고 번개 치는 소리가 하늘에 진동했어요. 두 사람 모두 기세가 만만치 않았지요. 땅에서 싸울 때는 마치 성난 호랑이처럼 사나웠고, 하늘에서 빙글빙글 돌며 싸울 때는 드센 산매처럼 날랬어요.

싸움이 무르익을 무렵, 동해 용왕이 헐레벌떡 뒤쫓아 왔어요.

"쯧쯧, 내버려두면 둘 중 어느 하나가 반드시 피를 흘리고 말겠구나!"

동해 용왕은 은빛 용검을 휘두르며 싸움에 끼어들었어요.

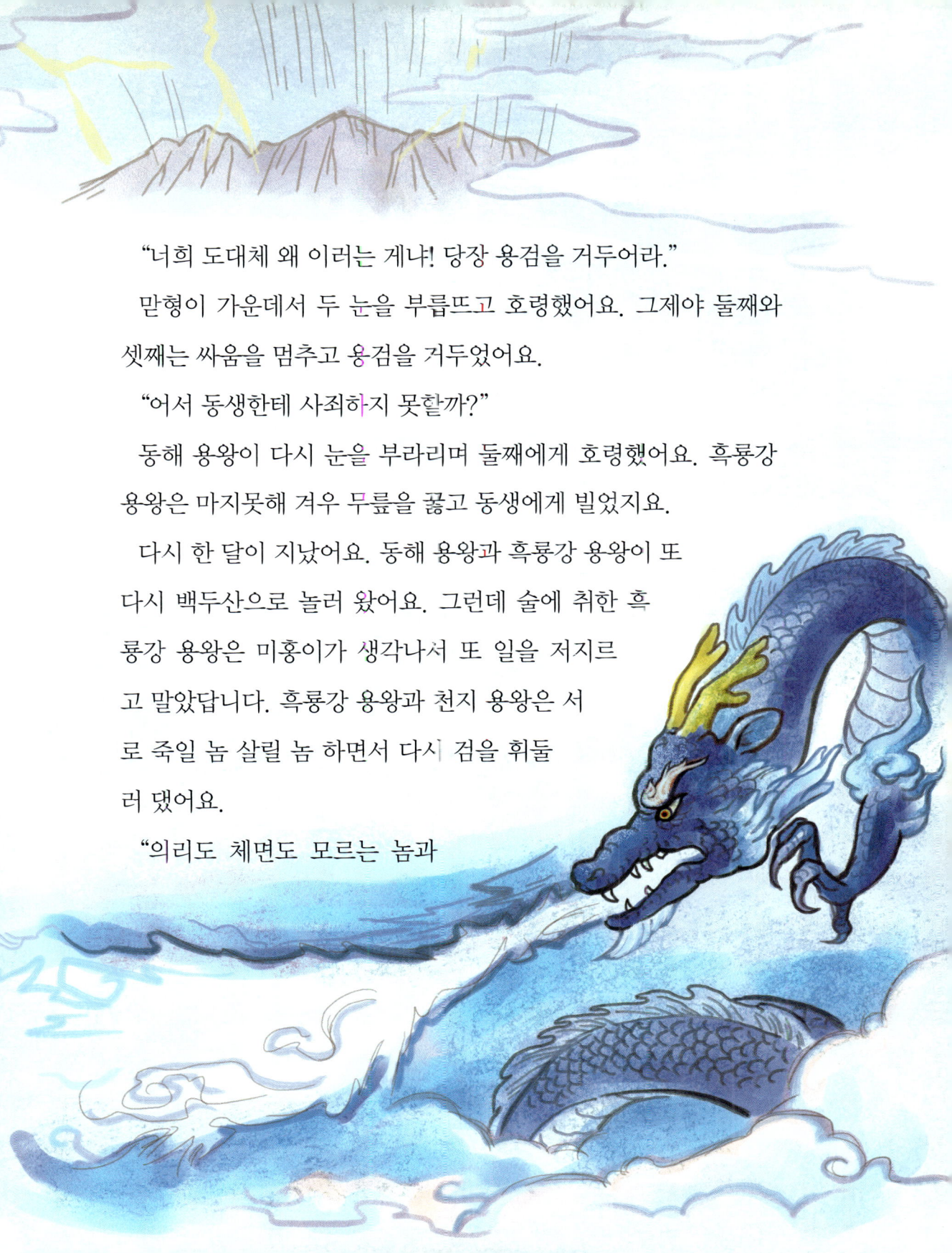

"너희 도대체 왜 이러는 게냐! 당장 용검을 거두어라."

맏형이 가운데서 두 눈을 부릅뜨고 호령했어요. 그제야 둘째와 셋째는 싸움을 멈추고 용검을 거두었어요.

"어서 동생한테 사죄하지 못할까?"

동해 용왕이 다시 눈을 부라리며 둘째에게 호령했어요. 흑룡강 용왕은 마지못해 겨우 무릎을 꿇고 동생에게 빌었지요.

다시 한 달이 지났어요. 동해 용왕과 흑룡강 용왕이 또다시 백두산으로 놀러 왔어요. 그런데 술에 취한 흑룡강 용왕은 미홍이가 생각나서 또 일을 저지르고 말았답니다. 흑룡강 용왕과 천지 용왕은 서로 죽일 놈 살릴 놈 하면서 다시 검을 휘둘러 댔어요.

"의리도 체면도 모르는 놈과

우정을 나누고 의형제를 맺다니! 흑룡강 용왕을 당장 혼쭐내 주고 끝장을 보리라!"

이번에는 맏형도 크게 화가 났어요. 그렇게 타일렀는데도 말을 듣지 않는 둘째가 미웠던 거예요. 그래서 하늘 높이 올라가 흑룡강 용왕에게 펄펄 끓는 물을 퍼부었대요.

흑룡강 용왕은 동해 용왕을 맞받아치면서 차디찬 입김을 내뿜었어요. 그러자 그 뜨거운 물이 삽시간에 우박이 되어 땅으로 와르르 쏟아져 내렸어요.

이번에는 약이 바짝 오른 흑룡강 용왕이 동해 용왕의 머리 위로 휙 날아올라 얼음을 와르르 토해냈어요. 그러자 동해 용왕이 얼른 뜨거운 입김을 내뿜어 얼음덩이들을 소나기로 만들어 버렸어요.

천지 용왕이 토하는 불길은 하늘을 가르는 번개를 불렀고, 용검을 휘두를 때마다 매서운 바람이 휘몰아쳤어요.

하지만 아무리 싸워도 승부가 나지 않았지요. 그 뒤부터 동해 용왕과 천지 용왕은 흑룡강 용왕과 의리를 끊었대요. 지금까지도 화해하지 못해서 서로 마주치기만 하면 으르렁거린다나요? 그래서 싸움이 작게 벌어지면 가랑비가 내리고, 싸움이 크면 번개가 치고 소나기가 내리곤 한대요.

이렇게 그들의 싸움이 잦기 때문에 백두산 천지 날씨가 변덕스러워 그 누구도 헤아릴 수 없게 되었다는군요. 세 용왕이 다시 우정을 되찾을 날은 언제쯤 오게 될까요?

백두 낭자·한라 도령이 들려주는 **참된 친구 이야기**

우정을 소중히 여기는 마음

친한 친구와 같은 사람을 좋아해 본 적이 있나요? 아니면 친구가 내가 아닌 사람과 더 친하게 지내는 것을 바라보았던 경험은요? 그럴 때 여러분은 어떻게 했나요? 혹시 누군가를 좋아한다고 해서 흑룡강 용왕처럼 의리를 저버리는 일을 한 것은 아니겠지요?

    그런 상황을 맞았을 때 너무 속상한 나머지 친했던 친구를 미워할 수도 있어요. 하지만 현실을 그대로 인정하고 예전처럼 지내는 게 성숙한 자세랍니다. 그래야 두 친구 모두를 잃지 않을 수 있어요.

    이런 이야기가 전해 오고 있어요. 프랑스의 어느 역사학자가 4년 만에 책 한 권을 완성해서 가장 친한 친구에게 읽어 보라고 건넸대요. 그런데 아무것도 모르는 친구의 하인이 그 원고 뭉치를 활활 타오르는 난로 속에 집어넣어 버렸다는 거예요. 역사학자는 이 사실을 알고 어떻게 행동했을까요?

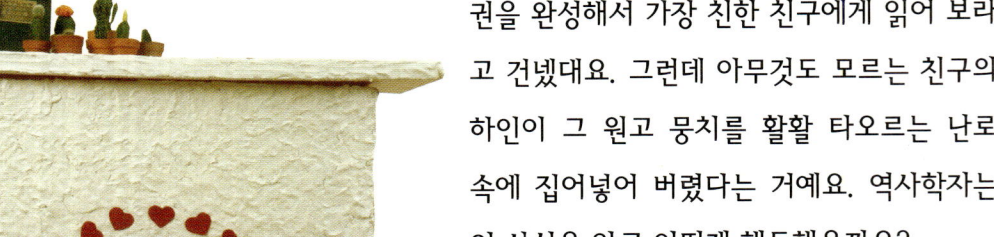

벽난로 속에서 원고는 타버렸지만, 두 사람의 우정은 더욱 빛났을 거예요

"이미 지난 일인 걸 어쩌겠나? 책 내용이야 이 머릿속에 다 들어 있으니 다시 쓰면 되겠지. 그리고 어쩌면 더 잘된 일인지도 몰라. 다시 쓰면 더 잘 쓸 수 있을 테니까."

역사학자는 이렇게 대수롭지 않게 넘어갔답니다. 그리고 3년에 걸쳐 다시 그 책을 완성했대요. 뒷날 이 역사학자는 이런 말을 남겼지요.

"그 책을 다시 쓰는 일에 기울인 노력을 다른 일에 바쳤다면 나는 또 한 권의 책을 썼을 것이다. 하지만 그때 내가 화를 냈다면 어떻게 되었을까? 원고도 잃었을 뿐만 아니라 친구도 잃었을 게 뻔하다. 하지만 나는 적어도 친구는 잃지 않았다."

그래요, 이 역사학자처럼 어떤 어려운 상황에 부닥치더라도 그동안 가꾸어 온 우정을 소중히 여기고 지킬 줄 알아야 좋은 벗을 얻을 수 있을 거예요.

한 걸음 더

'지란지교(芝蘭之交)'라는 한자말이 있어요. 《명심보감》에 나오는 말로, 지초와 난초처럼 맑고 깨끗하며 두터운 벗 사이의 사귐을 일컫는 말이랍니다. 여러분이 우정을 소중히 여기는 마음으로 친구를 사귄다면, 그 우정에서는 분명히 아름다운 향기가 날 거예요.

친구의 친구를 믿어 주는
우정

조선 시대 때의 일이에요. 유 씨 성을 가진 진사가 살았는데, 집이 가난하기가 말이 아니었어요. 굶기를 밥 먹듯 했다나요? 어느 해 여름에는 흉년까지 들어, 그야말로 살아갈 길이 막막하게 되었대요.

　'꼬르륵, 꼬르륵.'

　유 진사는 자기 뱃속에서 쉴 새 없이 꼬르륵대는 소리를 들으며 사랑방에 누워 있었어요. 그런데 열린 창문으로 보이는 푸르른 하늘이 자꾸만 노오랗게 보이는 게 아니겠어요? 닷새 동안이나 밥 구경을 못했으니 어느새 어지럼증이 생겼던 거예요.

　'남자인 나도 한 발짝 움직일 힘이 없는데, 하물며 부인은 얼마나 힘이 들까?'

　유 진사는 안방 쪽을 흘깃 쳐다보며 가만히 귀를 기울였어요. 그런데 어찌 된 일인지 아무 인기척도 나지 않는 거예요.

　'혹시……?'

　유 진사는 가슴이 철렁 내려앉았어요. 그래서 억지로 기어서 겨우겨우 안방으로 건너갔지요. 그런데 남편이 들어가자, 무언가를 막 입에 넣고 씹고 있던 부인이 화들짝 놀라는 게 아니겠어요? 그러더니 입속에 든 것을 황급히 꿀꺽 삼켜 버렸지요.

"아니, 당신 혼자 무얼 먹고 있었기에 나를 보고 그렇게 화들짝 놀라는 것이오?"

"만약 먹을 만한 것이 있었다면 제가 어찌 혼자 먹겠어요. 아까 현기증이 나 쓰러졌는데, 문득 벽에 말라붙어 있는 수박씨 두 개가 눈에 띄더군요. 그래서 그 중 하나를 떼어 씹다가 막 한탄하고 있던 참이었습니다. 그런데 마침 당신이 들어오자 저도 모르게 그만 부끄러워 그런 거예요."

유 진사가 의심스러운 눈빛으로 쳐다보자, 부인은 얼굴을 붉히며 벽 한 모퉁이를 가리켰어요. 그곳에는 정말 말라비틀어진 수박씨가 하나 붙어 있었어요.

유 진사는 부인과 수박씨를 번갈아 보며 길게 한숨을 내쉬고 말았어요.

그때였어요. 문밖에서 사람을 부르는 소리가 났어요.

"유 진사님 계십니까?"

"우리 집에는 올 사람이 없는데……. 누굴까?"

이번에도 유 진사는 기다시피 하여 밖으로 나가 보았어요.

"이 댁이 바로 유 진사님 댁입니까?"

낯선 심부름꾼 하나가 넙죽 절을 올리며 물었어요.

"그렇네만, 무슨 일인가?"

"선비님이 벼슬을 하시게 되어 그 소식을 전하러 왔습니다."

심부름꾼의 말은 너무 뜻밖이었어요. 유 진사는 다리에 힘이 풀려 한참이나 대들보를 붙잡고 서서 이게 꿈인가 생시인가 하며 정신을 가다듬었지요.

"자네가 무언가 잘못 알고 온 듯하니 다시 알아보시오."

유 진사는 이렇게 말하고 집안으로 들어와 버렸어요. 그리고 무슨 일인지 궁금해하는 부인에게 금방 있었던 일을 전해 주었어요.

"그게 정말이라면 참으로 잘된 일입니다."

"아무리 생각해도 그럴 리 없소. 진사가 처음 벼슬길에 나가려면 반드시 이조 판서의 추천이 있어야 하오. 그런데 세상과 인연을 끊고 살아온 나를 이조 판서가 어찌 알고 추천을 하겠소?"

이렇게 유 진사가 부인과 서로 주거니 받거니 이야기하고 있을 때였어요. 다시 그 심부름꾼이 유 진사를 불렀지요.

유 진사는 반가운 마음으로 얼른 나갔어요.

"조금도 의심할 것이 없습니다. 분명히 진사님이 맞습니다."

심부름꾼은 무릎을 꿇고 확신했어요. 그제야 유 진사도 자기에게 일어난 일을 사실로 믿게 되었지요.

그러나 얼굴에 머문 웃음도 잠시, 유 진사는 먼 산을 바라보며 한탄했어요.

"내 비록 벼슬길에 오르게 되었으나 지금 끼니를 거른 지 여러 날이라 움직일 수가 없으니……. 장차 임금님께 어떻게 인사를 드리러 갈꼬?"

그러자 심부름꾼이 걱정하지 말라며 어디론가 바삐 가더니 한참 만에야 돌아왔어요. 어깨에 쌀과 반찬, 땔나무를 잔뜩 실은 지게를 짊어지고서요. 심부름꾼은 부리나케 장작을 때고 미음을 쑤기 시작했지요. 유 진사는 심부름꾼이 정성껏 쑤어 준 미음을 먹고 비로소 기운을 차릴 수 있었어요.

유 진사가 벼슬길에 오르게 되었다는 소문은 어느새 고을 여기저기로 퍼져 갔어요. 소식을 들은 사람들이 하나둘 찾아오더니 문

앞에 길게 줄을 이었지요.

드디어 유 진사가 임금님을 만나 뵙고 벼슬자리에 올랐어요. 이제 더는 끼니를 걱정하지 않아도 되었고요.

"참 이상한 일이다. 나를 임금님께 추천한 이조 판서는 내가 전혀 모르는 분인데, 어째서 그분이 내게 도움을 주신 것일까?"

유 진사는 늘 그것이 궁금했어요. 이조 판서는 임금님에게 관리를 추천하는 직책이지요.

그런데 나중에 알고 보니 유 진사의 옛 글동무가 이조 판서와 아주 가까운 친구였대요. 그 글동무는 유 진사가 굶어서 거의 죽어 간다는 소식을 듣고 이조 판서에게 그를 소개했던 거래요.

"배움이 높고 성실한 친구가 있네. 옛 글동무인데, 집안이 가난하고 또 아는 사람도 많지 않아 지금은 그냥 시골에 묻혀 지내지.

사실 그냥 놔두기에는 너무 아까운 사람이야. 자네가 벼슬할 수 있도록 도와주면 나중에 후회하지 않을 걸세."

"자네가 추천하는 사람이라면 틀림없겠지. 내 몇 가지 더 알아본 뒤에 추천을 올리겠네."

이렇게 해서 이조 판서는 친구의 말을 믿고 만나 본 적도 없는 유 진사를 임금님에게 추천한 거였어요.

"어릴 적 우정을 여태껏 잊지 않고 있었다니……."

앞뒤 사정을 알게 된 유 진사는 옛 글동무의 우정이 여간 고맙지 않았어요. 또한 옛 글동무와 이조 판서의 우정과 믿음에도 크게 감동하였어요.

"친구와 이조 판서의 덕망에 해를 끼치지 않도록 청렴한 관리가 되어야겠구나."

유 진사는 이렇게 굳게 다짐했대요.

몇 해가 흘렀어요. 유 진사도 여러 벼슬을 거쳐 드디어 이조 판서가 되었답니다.

유 진사가 이조 판서로 있을 때, 마침 간성이라는 곳에 군수 자리가 비었어요. 간성군은 풍요로운 고을이라 그곳 군수가 되고 싶어 하는 사람이 매우 많았지요. 이 때문에 유 진사는 누구를 추천해야 할지 무척 고민스러웠어요.

　부인이 유 진사의 얼굴빛이 좋지 않은 것을 보고 물었어요.

　"대감, 무슨 근심스러운 일이라도 있습니까?"

　"허어, 임금님께 누굴 추천해야 할지 결정을 못 내리겠소."

　유 진사의 대답에 부인은 잠시 무언가를 생각하더니, 다시 이렇게 물었어요.

　"대감을 처음 벼슬길에 오르게 해 주었던 이조 판서 대감의 집은 지금 어떻게 되었습니까?"

　"그때의 이조 판서는 이미 죽고, 그 아들 몇 명은 벼슬길에 올랐다고 하오. 또한 벼슬을 하지 않고 한적한 곳에 이름 없는 선비로 사는 아들도 있는데, 집이 몹시 가난하다고 합디다. 듣기로는 학문도 깊고 됨됨이 또한 성실하고 바르다고 하였소."

　그러자 부인이 빙그레 웃으며 말했어요.

　"대감께서 만일 그 사람을 간성 군수로 삼지 않으신다면, 그 옛날 벼슬을 얻은 은혜를 저버리는 것입니다. 어려울 때 대감의 친구와 대감을 믿고 도와주신 분의 아들인데, 은혜를 갚아야 하지 않겠습니까? 주저하지 마시고 그 사람을 임금님께 추천하시지요. 대감께서는 벌써 수박씨 씹던 그 일을 잊으셨어요?"

부인의 말에 유 진사는 크게 깨달은 것이 있었어요. 그리하여 그 이조 판서의 아들을 임금님에게 추천하여 옛 글동무의 우정과 이조 판서의 은혜에 보답하기로 했답니다.

백두 낭자·한라 도령이 들려주는 참된 친구 이야기

친구를 보면 그 사람을 안다

보통 처지가 비슷하고 생각이 비슷한 사람끼리는 쉽게 어울리고 친해지지요. 또 좋은 친구는 좋은 영향을 끼치고 나쁜 친구는 나쁜 영향을 끼치게 된답니다. 그래서 '친구를 보면 그 사람을 안다'라는 옛말이 생겨났나 봐요. 여러분은 어떻게 생각하나요?

우리 조상들의 가르침 중에 이런 말이 있어요.

'군자가 있는 곳에 군자가 모이고, 소인이 있는 곳에 소인이 모인다.'

'군자'란 점잖고 도량이 넓은 사람이고, '소인'은 자기 이익만 챙기는 속 좁은 사람을 가리키는 말이에요. 이 가르침은 일제 강점기 때 애국자는 애국자끼리 모여 독립운동을 벌이고, 매국노는 매국노끼리 모여 일본의 앞잡이 노릇을 했던 옛일을 되돌아보아도 금방 확인할 수 있어요.

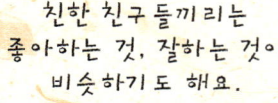

친한 친구들끼리는 좋아하는 것, 잘하는 것이 비슷하기도 해요.

　또 앞의 이야기에서도 이 의미를 확인할 수 있을 거예요. 이조 판서는 친구의 부탁대로 생판 모르는 유 진사를 임금님에게 진심으로 아뢰었어요. 그가 망설임 없이 그렇게 할 수 있었던 이유는 자기의 벗을 믿었기 때문이었지요. 자기의 벗이 옳고 바른 사람이므로, 그의 친구인 유 진사 또한 분명히 옳고 바른 사람일 거라고 믿었던 거예요.

　물론 그 믿음대로 유 진사 역시 나중에 옛 글동무의 우정과 이조 판서의 은혜에 보답하기를 잊지 않았고요.

　어떤가요? 유 진사의 친구와 이조 판서의 우정, 벗의 우정과 믿음에 보답했던 유 진사, 이들 세 사람의 이야기를 들으니 과연 '친구를 보면 그 사람을 안다'라는 말에 절로 고개가 끄덕여지지 않나요?

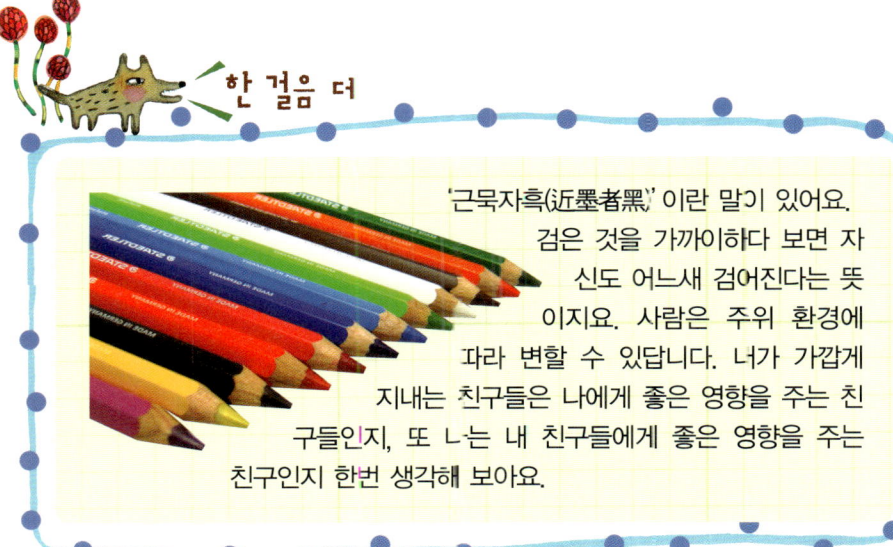

'근묵자흑(近墨者黑)'이란 말이 있어요. 검은 것을 가까이하다 보면 자신도 어느새 검어진다는 뜻이지요. 사람은 주위 환경에 따라 변할 수 있답니다. 너가 가깝게 지내는 친구들은 나에게 좋은 영향을 주는 친구들인지, 또 나는 내 친구들에게 좋은 영향을 주는 친구인지 한번 생각해 보아요.

조선 시대에 오성 이항복과 한음 이덕형이 살았어요.

오성은 이항복이 오성 부원군이라는 작위를 얻어 오성 대감이라 일컬어진 데서 붙여진 이름이에요. 한음은 이덕형의 호이지요. 호는 어른끼리 서로 부를 때 따로 쓰는 이름이랍니다.

이항복은 누구보다도 장난을 좋아하고 재치가 뛰어났대요. 그의 장난기와 재치는 어른이 되어서도 변함이 없었다는군요. 또한 인정이 많고 성격이 곧았다고 해요.

이덕형은 이항복만큼은 아니었지만 그에 못지않은 장난꾸러기였대요. 그리고 지혜롭고 차분했으며, 진지하고 너그러웠다지요.

두 사람은 어릴 적부터 형제처럼 다정했어요. 또 짓궂은 장난도 해가며 스스럼없이 지냈지요. 이들이 얼마나 각별한 우정을 가꾸어 나갔는지 한번 들어 보겠어요?

하루는 오성의 장난기가 꿈틀거렸어요. 그래서 한음이 나간 틈을 타서 한음의 아버지를 놀려 주려고 찾아갔더래요. 한음의 아버지는 좀 모자라는 사람이었다는군요.

"어르신, 화상찬을 갖고 싶지 않으신지요?"

"화상찬이 무엇인고? 자네가 해 주겠는가?"

한음의 아버지가 입이 헤벌어져서 물었어요.

"화상찬이란 얼굴을 칭송하는 글이라는 뜻입니다. 특별히 제가 지어 드리지요."

오성은 '외면주공 중심이제'라는 글을 정성껏 써 주었어요. 그 글의 뜻이 무엇인지도 모른 채 한음의 아버지는 고마워하며 매우 기뻐했지요.

그렇게 오성이 돌아가고 나서 한음이 돌아왔어요. 한음의 아버지는 오성이 써 준 화상찬을 자랑스럽게 내보이더니 다짜고짜 아들을 엄하게 꾸짖는 것이었어요.

"너는 어찌 나를 위해 화상찬을 짓지 않느냐? 네 친구는 나를 위해 이렇게 지어 주었거늘, 너는 어찌 남만도 못한 것이냐?"

"이 글은 아버님을 놀리려고 장난으로 지은 것입니다."

"그 애가 어찌 장난으로 지었겠느냐?"

"보십시오. '외면주공'은 얼굴에 두루 구멍이 났다는 뜻으로, 아버님의 얼굴에 마맛자국이 많은 것을 놀리는 말입니다. '중심이제'는 오랑캐와 같은 얼굴이라는 뜻으로, 결코 아버님을 칭찬하는 말이 아닙니다."

"너는 짓지도 못하면서 남을 헐뜯는 게냐?"

한음의 설명에 아버지는 그럴 리가 없다고 호되게 나무라기만 했어요. 그러니 한음으로서는 어쩔 도리가 없었지요. 대신 나중에 오성을 만나 공손하지 못하다고 책망했대요. 오성은 그저 '허허' 웃기만 하고요.

그 뒤 며칠이 지났어요. 한음이 나간 틈을 타 오성이 또 한음의 아버지를 찾아갔어요.

"아니, 어르신 댁에서는 신주를 볕에 쬐지 않으십니까? 볕에 쬐이지 않으면 습기가 차서 상하게 됩니다."

그러자 한음의 아버지가 무릎을 치며 중얼거렸어요.

"아휴, 자네가 말하지 않았더라면 큰일 날 뻔했구먼. 내 미처 그것을 생각지 못했네 그려."

그러고는 사당으로 달려가 얼른 신주를 꺼내 왔어요. 사당은 조상의 신주를 모시는 곳이지요. 신주는 조상의 혼이 깃들었다고 믿는 위패이고요.

한음의 아버지가 신주를 뜰에 말리고 있을 때, 한음이 집으로 돌아왔어요.

"아니, 아버님! 어찌 이런 불경스런 일을 하십니까? 신주는 늘 사당에 모셔 두어야지요."

"너는 어찌 그리 무심하냐? 네가 조상 위하는 마음이 없음을 알 만하구나. 만일 이항복이가 아니었더라면 큰일이 날 뻔했다."

"아버님, 이것은 오성이 장난을 친 것입니다."

"듣기 싫다. 썩 나가거라."

한음의 아버지는 오히려 버럭 화를 냈어요. 그리고 끝내 한음의 말을 믿지 않고 등을 돌려 버렸어요.

한음은 또 오성을 찾아가 나무랐어요. 그런데도 오성은 '하하하' 크게 웃기만 했지요.

며칠이 지났어요. 오성은 한음이 나간 틈을 타서 한음의 아버지를 또 찾아갔어요.

"어르신께서는 벼슬을 하고 싶지 않으십니까?"

"그 일이 어디 쉬워야 말이지."

"아드님이 알아본다면 무슨 벼슬인들 못 하겠습니까?"

"우리 애는 제 몸만 영화롭게 하지 제 아비는 생각도 하지 않으니 무척 답답하네. 자네가 나를 위해 알아봐 주게나."

"그건 어렵지 않습니다. 요즘 남묘 참봉 자리가 났다고 하니 제가 곧 알아보지요."

오성은 공손히 말하고는 돌아갔어요. '남묘 참봉'이란 남쪽의 무덤을 지키는 사람이라는 뜻으로, 한마디로 묘지기라는 말이지요. 그것도 모르고 한음의 아버지는 아들이 돌아오자 또 벼락처럼 화를 냈어요.

"너는 어찌 나를 위해 벼슬을 알아보지 않느냐?"

"그것은 나라에서 하는 일이라 제 마음대로 할 수 없습니다."

"어허, 이항복의 말을 들으니 남묘 참봉 자리가 비었다고 하던데? 그게 아주 좋겠으니, 네가 가서 알아보거라."

"이것도 오성이 장난친 것입니다. 그런 벼슬은 없습니다."

"네 이놈. 너만 혼자 높은 벼슬을 하고 네 아비는 생각지 않다니 참으로 고약하구나. 꼴도 보기 싫다. 썩 물러가라!"

한음의 아버지는 팽 토라져서 또 등을 돌려 버렸어요. 한음은 고개만 푹 숙인 채 방을 나왔지요.

그 뒤 한음은 오성을 만난 자리에서 무례하고 공손하지 못한 행동을 나무랐어요. 하지만 이내 서로 웃으며 헤어졌대요.

오성의 장난을 두고 보통 사람이라면 크게 화를 내고도 남았을 거예요. 하지만 한음은 점잖게 나무라기만 했어요. 나쁜 뜻으로 한 장난이 아니라는 걸 알고 있었으니까요. 오성 역시 친구인 한음의 성품이 너그럽다는 걸 알고 있었기 때문에 짓궂은 장난도 칠 수 있었던 거지요.

오성은 자기보다 다섯 살 아래인 한음을 진심으로 존경했다고 해요. 한번은 이런 일이 있었어요. 어느 날 한음이 사랑하는 기생이 오성을 찾아왔더래요.

"무더운 여름날 대감께서 오셨기에 시원한 꿀물을 드렸더니 앞으로는 나를 만나지 않겠다고 그러시잖아요. 왜 그러시는지 대신 여쭈어 주시지 않으시겠습니까?"

그리하여 오성은 한음을 찾아가 그 까닭을 물었어요. 그러자 한음이 웃으며 대답했어요.

"대궐에서 나와 목이 무척 말라 물 생각이 간절했네. 그래서 그를 보자마자 말없이 손바닥을 펴보였더니 곧 꿀물을 내오는 거야. 그의 얼굴이 더 아름다워 보이더군. 그런데 점점 깊이 빠져들다가는 정작 내가 해야 할 큰일을 그르칠 것 같더군. 그래서 정을 끊고 헤어질 결심을 했다네. 그의 잘못은 털끝만치도 없네."

오성이 크게 감탄했어요.

"범상한 사람이라면 도저히 자네처럼 할 수 없을 걸세. 나 또한 하지 못할 일일세."

오성이 이 이야기를 기생에게 전하자, 기생 역시 고개를 끄덕이며 마음속으로 더욱 한음을 존경하게 되었다고 해요.

백두 낭자·한라 도령이 들려주는 **참된 친구 이야기**

오래도록 함께하는 친구

오성과 한음은 조선 시대 뛰어난 정치가이자 외교관으로, 학문으로도 이름이 높았어요. 두 사람의 개구쟁이 어린 시절 이야기는 우리에게도 익숙하지요. 이들처럼 커서도 변치 않는 우정을 나누고, 오래도록 뜻을 같이할 수 있다면 참으로 부러운 일이 아닐까요?

오성과 한음은 어린 시절을 함께 보내고, 같은 해에 장가들고, 같은 해에 나란히 과거에 합격했어요. 또 뜻을 같이하고 한길을 가는 의로운 벗이었을 뿐만 아니라, 커서도 어릴 때의 마음을 잊지 않고 익살스러운 장난을 치고는 했지요.

오성과 한음처럼 어릴 때부터 우정을 나눈 오랜 벗을 한자말로 '죽마고우(竹馬故友)'라고 해요.

이항복과 그의 책 《백사집》이에요. 이항복은 임진왜란 때 병조 판서로 큰 활약을 했고, 그 뒤 영의정까지 지냈답니다.

대나무 말을 함께 타고 놀던 오랜 친구라는 뜻이지요.

그런데 요즘은 오성과 한음 같은 죽마고우를 찾아보기가 예전보다 어려워졌어요. 교통이 발달하면서 사람들이 한군데에 머물지 않고 이곳저곳으로 이사하며 살게 되었기 때문이에요. 그때마다 친구도 바뀌게 되어 오랜 세월 동안 한 사람과 꾸준히 우정을 가꾸어 나가기가 쉽지 않게 되었지요.

지금 여러분이 사귀고 있는 친구가 있다면, 앞으로도 계속 변치 않는 우정을 가꾸어 나가도록 노력해 보세요. 오성과 한음 같은 죽마고우를 만들어 보는 거예요.

이덕형의 영정이에요. 오성의 뒤를 이어 한음도 영의정이 되었지요.

한 걸음 더

경기도 포천시 가산면에 있는 화산서원이에요. 청백리(조선 시대에 청렴결백한 관리들에게 붙여준 호칭)의 상징인 이항복의 학문과 덕행을 기리기 위하여 지어진 곳이지요.

이덕형을 기리기 위하여 지어진 경기도 포천시 신북면의 용연서원이에요. 해마다 봄과 가을 이덕형을 모시는 제사를 지낸답니다.

은혜를 베푼
나무 도령

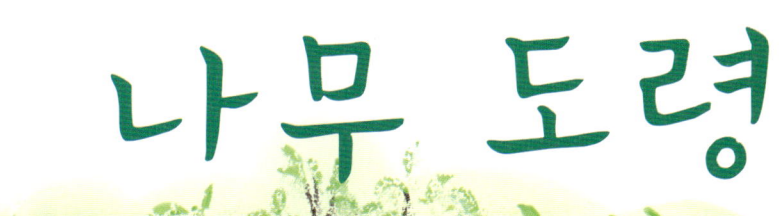

아주 아주 먼 옛날, 어떤 산에 오래된 나무 한 그루가 있었어요. 얼마나 오래되었는지, 천 년이 넘었는지, 만 년이 넘었는지 나무 자신도 알지 못했다나요.

오래된 나무는 키가 크고 이파리도 무성하게 돋아 여름이면 시원한 그늘을 드리웠어요. 그 그늘에서 하늘나라에서 내려온 선녀가 놀다 가고는 했지요.

그러다가 선녀는 하늘나라의 규율을 어기고 오래된 나무와 사랑에 빠져 버렸어요. 그리하여 나무 도령이라는 이름의 아이를 낳고 오래된 나무와 행복하게 살았어요.

그런데 아이가 일곱 살이 될 무렵 선녀는 하늘나라로 돌아가고 말았어요. 돌아오지 않으면 하늘님이 큰 벌을 내리겠다고 엄포를 놓았거든요. 엄마를 잃은 나무 도령은 아버지인 오래된 나무와 둘이서 살게 되었지요.

그러던 어느 날 갑자기 하늘에서 천둥이 치고 바람이 거세게 불더니 큰비가 내렸어요. 그칠 줄 모르고 여러 날 동안 마구 쏟아진 큰비는 삽시간에 세상을 물바다로 만들어 버렸지요. 오래된 나무도 뿌리가 뽑혀 넘어졌어요.

"애야, 하늘님이 이 세상의 모든 것을 다 없애고 세상을 다시 만들려고 큰비를 내리셨구나. 너는 내가 보살펴 줄 테니 내가 하라는 대로 하여라. 우선 내 등에 타거라."

나무 도령은 얼른 오래된 나무의 등에 올라탔어요. 그리고 오래된 나무와 함께 정처 없이 물결을 따라 떠다녔지요. 어디로 얼마쯤 갔을까요. 어디선가 도움을 구하는 목소리가 들려왔어요.

"살려 주세요! 살려 주세요!"

나무 도령이 주변을 가만히 살펴보니 홍수에 떠내려가는 수많은 개미떼였어요.

"아버지, 개미떼를 태워 주세요."

나무 도령이 안타까워 말했어요.

"그러자꾸나. 개미들아, 내 등에 올라타렴!"

오래된 나무가 허락하자 개미들이 오래된 나무의 뿌리를 타고 올라왔어요.

또 얼마를 갔을까요. 이번에는 모기들이 살려 달라고 아우성이었어요.

"아버지, 모기들도 살려 주세요."

"그러자꾸나!"

나무 도령과 오래된 나무는 모기들도 구해 주었어요. 모기들은 오래된 나무의 이파리와 가지에 내려앉아 지친 날개를 쉴 수 있었지요.

그렇게 얼마나 갔을까요. 어디선가 처량하게 외치는 소리가 들렸어요.

"살려 주세요! 살려 주세요!"

나무 도령의 또래인 어린 소년이 물에서 허우적대고 있었어요.

"아버지, 저 아이도 태워 주세요!"

나무 도령이 발을 동동 구르며 말했어요. 그런데 오래된 나무가 딱 잘라 말하는 거였어요.

"안 된다! 그냥 가자!"

그때 그 소년이 또 부르짖었어요.

"살려 주세요, 저는 헤엄을 못 쳐요!"

나무 도령은 그 소년이 너무 가여웠어요. 그래서 아버지한테 다시 부탁해 보았어요.

"아버지, 헤엄을 못 친대요. 제발 살려 주세요!"

하지만 오래된 나무는 묵묵히 앞으로만 나아갔어요.

"살려 주세요! 이젠 힘이 없어요!"

다시 또 소년이 애타게 부르짖었어요. 너무 지친 나머지 곧 물속으로 가라앉을 것만 같았어요.

"아버지, 금방 죽을 것만 같아요! 어서 구해 주세요!"

나무 도령이 다시 한 번 간절히 애원했어요. 그러자 오래된 나무는 이런 말을 했어요.

"애야, 만약 저 아이를 살려 주면 나중에 반드시 후회할 날이 올 것이다. 그래도 괜찮으냐?"

"그래도 괜찮아요. 저 불쌍한 아이를 살려 주세요."

나무 도령이 눈물을 흘리며 말했어요. 그제야 오래된 나무는 마지못해 물에 빠진 아이를 구해 주었지요.

　정처 없이 헤매던 나무 도령 일행은 마침내 어느 조그마한 섬에 닿았어요. 그곳은 세상에서 가장 높은 산봉우리였어요. 큰 홍수 때문에 온 세상이 물에 잠기고 이 봉우리만 겨우 남겨진 거예요.

　두 아이는 그 섬에 내렸어요. 개미떼와 모기떼는 나무 도령에게 고맙다는 인사를 하고 각각 저 갈 길을 가 버렸고요. 그때 오래된 나무가 나무 도령에게 말했어요.

　"아들아, 나는 또 머나먼 여행을 해야 한단다. 언제까지나 지켜보고 있을 테니 꿋꿋하게 살아라."

　오래된 나무는 홀로 떠나갔답니다. 나무 도령은 오래된 나무가 보이지 않을 때까지 섬에 우두커니 서서 지켜보았어요.

　나무 도령은 자기가 구해 준 소년과 함께 섬을 살펴보았어요. 다행히 집 한 채를 발견했는데, 그 집에는 할머니와 두 여자아이가 살고 있었어요. 여자아이 하나는 할머니의 친딸이었고, 다른 여자아이는 할머니의 수양딸이었대요. 나무 도령과 소년은 그 집에서 살게 되었어요.

세월이 흘러 나무 도령과 소년은 어엿한 청년이 되었어요. 할머니는 두 청년을 딸들과 짝지어 주기로 했어요. 그런데 두 청년 모두 할머니의 친딸과 결혼하기를 원했지요. 친딸은 마음씨가 곱고 예뻤지만 수양딸은 게으르고 성질이 사나웠거든요.
　그러던 어느 날 나무 도령의 도움으로 목숨을 건진 청년이 할머니에게 속삭였어요.
　"할머니, 나무 도령에게는 남이 모르는 신기한 재주가 있어요. 좁쌀 한 섬을 모래밭에 흘려 놓고 겨우 몇 시간 만에 모두 주워담거든요. 그런데 아주 친한 사람 아니면 좀처럼 그 재주를 보여 주려 하지 않지요."
　그러자 할머니는 나무 도령을 불러 재주를 보여 달라고 했어요.
　"저는 그런 재주가 없어요."
　나무 도령이 영문을 몰라 하며 대답했어요.
　"은혜도 모르고 네가 나를 우습게 보는구나! 만일 네가 재주를 보여 주지 않으면 딸을 주지 않겠다!"
　할머니가 벌컥 화를 냈어요.

나무 도령은 어쩔 수 없이 모래밭에 좁쌀 한 섬을 뿌리기는 했어요. 하지만 엄두가 나지 않아 한숨만 내쉬고 있었지요.

그때 어디선가 개미들이 몰려왔어요.

"그까짓 일이야 아주 쉽지요. 우리를 살려 주신 은혜를 이제야 갚게 되었군요."

개미들은 뿔뿔이 흩어지더니 다른 개미들을 끌고 다시 나타났어요. 그러고는 모래밭에 흩어진 좁쌀을 금세 모두 주워담았어요.

개미떼 덕분에 나무 도령은 좁쌀 한 섬을 다시 어깨에 메고 집에 돌아올 수 있었어요. 할머니는 놀라워하며 나무 도령과 친딸을 맺어 주려고 했지요.

그러자 다른 청년이 매우 못마땅하게 생각했어요. 그래서 할머니는 두 딸을 동쪽에 있는 방과 서쪽에 있는 방에 미리 들어가게 하고는 청년들에게 말했답니다.

"들어가고 싶은 방에 들어가라. 자기가 들어간 방에 있는 사람이 너희의 짝이다."

두 청년은 어디로 가야 할지 갈설였어요. 그때 어디선가 모기떼가 날아왔어요. 모기떼는 나무 도령의 귀 옆을 스쳐 지나가며 이렇게 속삭였어요.

"엥, 엥. 나무 도령, 동쪽 방으로!"

나무 도령은 동쪽 방으로 들어갔어요. 아니나 다를까 그 방에는 할머니의 친딸이 앉아 있었어요. 모기떼의 도움으로 자기가 좋아하는 아가씨와 결혼하게 된 거예요.

지금 세상 사람들은 모두 이 두 쌍 부부의 자손이라고 전해져요. 착한 사람은 나무 도령의 후손이고, 나쁜 사람은 나무 도령의 은혜를 저버린 청년의 후손이래요. 만약 청년이 나무 도령을 배신하지 않았다면 지금쯤 세상은 모두 착한 사람들로 넘쳐 났을 텐데, 참 안타까운 일이지요?

백두 낭자·한라 도령이 들려주는 참된 친구 이야기

진실한 우정을 나누는 친구

나무 도령은 물에 빠진 소년을 구해주었어요. 하지만 그 소년은 오히려 나무 도령을 질투해 해를 끼치려고만 했지요. 이 둘은 진실한 우정을 나누지 못했던 거예요. 그럼 관중과 포숙아의 이야기를 통해 진실한 우정이 무엇인지 생각해 보도록 해요.

관중과 포숙아는 중국 춘추 시대에 살던 사람들이에요. 두 사람은 젊어서부터 서로의 뛰어난 재주를 존경하고 이해하며 참다운 친구로서 죽을 때도 함께 죽자고 맹세한 사이였대요.

두 사람은 젊어서 함께 장사를 했는데 거기에서 나오는 이익은 언제나 관중이 더 많이 차지했어요. 그래도 포숙아는 화내거나 친구를 욕심쟁이라고 욕하지 않았어요. 오히려 "나보다 관중이 더 가난하기 때문이다."라며 당연하게 생각했지요.

하루는 관중이 포숙아를 위해 한 일이 그만 잘못되어 오히려 포숙아를 어려운 처지에 놓이게 했어요. 이때도 포숙아는 화를

> 관중은 포숙아의 믿음 덕분에 제나라의 훌륭한 재상이 될 수 있었어요.

내지 않고 친구를 무능하다고 손가락질하지 않았어요.

또 나라에 전쟁이 일어났을 때 관중은 군사를 이끌고 가 세 번이나 패하여 도망쳤지만, 포숙아는 친구를 어리석고 못난 사람이라고 하지 않았어요. 포숙아는 이렇게 늘 관중을 믿어 주었던 거예요.

그리하여 뒷날 관중은 진실한 친구 포숙아의 믿음으로 훌륭한 임금을 만나 위대한 정치가로서 후세에 이름을 떨치게 되었어요. 관중은 포숙아에 대한 고마운 마음을 이렇게 표현했지요.

"나를 낳아 주신 분은 나의 부모이지만, 나를 알아준 사람은 포숙아이다."

어때요, 여러분도 소중한 친구에게 포숙아 같은 참된 친구가 되어 줄 수 있겠어요?

관중과 포숙아의 사귐처럼 진실한 친구 사이의 우정을 '관포지교(管鮑之交)'라고 해요.

한 걸음 더

관중과 포숙아의 우정 이야기는 중국 한나라의 역사가 사마천이 쓴 《사기》라는 책에 실려 있어요. 《사기》에는 왕, 신하, 장군, 학자, 자객, 상인 등 다양한 사람들에 얽힌 재미있는 이야기가 가득 실려 있답니다.

▲ 사마천

다시 만난
세 친구

깊은 산 속에 허름한 절 하나가 있었어요. 그곳에서는 낮이나 밤이나, 여름이나 겨울이나 변함없이 낭랑한 소리가 울려 퍼졌어요. 바로 세 젊은이가 책 읽는 소리였지요. 그들은 여러 해 동안 함께 글공부를 하며 깊은 우정을 쌓았대요.

어느덧 공부를 마치고 절을 떠날 때가 왔어요. 헤어지기 전, 세 젊은이는 가슴속에 품은 뜻을 나누었지요.

먼저 첫 번째 젊은이가 씩씩하게 말했어요.

"내가 바라는 것은 높은 벼슬에 올라 고향에 당당히 돌아가는 거야. 그리고 임금님을 잘 모시고 백성들을 잘 보살피고 싶어. 그래서 이 다음에 내 이름 석 자가 길이 역사에 남는다면 그보다 기쁜 일이 어디 있겠나."

"난 벼슬에는 관심 없어. 산 좋고 물 좋은 곳에서 마음 편히 살면 그보다 좋은 게 없지! 세상을 등지고 자연과 더불어 살면서 인생을 즐기는 게 내 소원이야."

두 번째 젊은이는 꿈을 꾸는 듯한 눈빛이었어요. 그런데 나머지 세 번째 젊은이는 잠자코 듣고만 있었어요.

"너는 왜 한 마디도 없니?"

두 사람이 궁금해하며 물었어요.

"나? 내 희망은 너희와 다르니까 묻지 말아 줘."

"그러니까 더 궁금하잖아. 뭐야, 빨리 말해 봐!"

친구들이 궁금해하며 재촉하자 그제야 세 번째 젊은이가 자기 소원을 말했어요.

"난 차라리 도둑의 우두머리가 되려고 해. 나쁜 관리들의 재물을 빼앗아 부귀영화를 누리는 거야, 하하하."

"허허, 너도 참 그런 걸 소원이라고 말하는 거야?"

"옳지 못한 생각이야."

두 젊은이는 세 번째 젊은이를 나무랐어요. 그러고는 서로 작별 인사를 나누고 각자 제 갈 길을 갔답니다.

그 뒤 첫 번째 젊은이는 자기 바람대로 높은 벼슬에 올랐어요. 두 번째 젊은이는 벼슬을 하지 않아 어렵게 살았고요. 그런데 세 번째 젊은이는 어떻게 되었는지 전혀 소식이 없더래요.

그러던 어느 날, 두 번째 젊은이가 함경도에서 감사를 하는 첫 번째 젊은이를 찾아가게 되었어요. 그의 도움을 얻어 조금이나마 가난에서 벗어나기 위해서였지요.

그가 회양이라는 곳을 지날 때였어요. 몸집이 큰 어느 하인이 말을 끌고 그에게 다가왔어요.

"저희 대장님의 명령을 받들고 오래전부터 선비님을 기다렸습니다. 어서 이 말을 타고 가시지요."

두 번째 젊은이는 이상한 생각이 들었지만 말에 올랐어요. 하인은 그를 태우고 언덕을 넘고 고개를 넘어가고 또 한참을 더 갔어요. 그러더니 다음날 낮이 되어서야 커다란 기와집 앞에 그를 내려 주는 것이었어요.

"그동안 잘 있었는가?"

늠름한 사람이 나와 그를 반갑게 맞아 주었어요. 바로 소식이 없던 세 번째 젊은이였어요.

"아이고, 정말 반가우이. 그런데 지금 무슨 벼슬을 하고 있기에 이런 궁궐 같은 집에서 사는가?"

"하하하, 나는 내 뜻을 이루었네. 하지만 백성들 보따리나 터는 좀도둑은 아니야. 백성들을 못살게 굴고 자신의 재물만 살찌우는 탐관오리들의 재물만 털지. 위로는 나랏돈을 도둑질하고 아래로는 백성의 피와 땀을 짜내는 벼슬을 하기보다는 나처럼 살아가는 것이 더 행복한 일 아닌가."

오랜만에 만난 두 사람은 정답게 이야기를 나누고 술을 마시며 밤을 꼬박 지새웠어요.

다음 날 아침 두 번째 젊은이는 친구의 집을 떠나기로 했어요.

"함경도에서 감사를 하는 친구가 조금 도와주기는 하겠지만, 자네의 어려운 형편을 구해 주지는 못할 걸세. 내가 여비를 넉넉히 줄 테니 바로 집으로 돌아가게."

"아닐세. 이미 먼 길을 왔으니 가서 그 친구와도 옛정을 나누어 볼까 하네."

"그렇다면 할 수 없지. 하지만 그 친구한테는 내가 여기에 있다는 말을 절대 하지 말게. 나를 잡지도 못할뿐더러, 오히려 해를 입을 테니까. 자네가 이 약속을 어기면 우리의 우정도 없어지고 자네는 목숨을 보전하기 어려울 걸세."

"어찌 그럴 일이 있겠나? 걱정하지 말게."

두 번째 젊은이가 하늘을 두고 맹세했어요. 세 번째 젊은이는 웃으면서 친구를 배웅해 주었어요.

이윽고 두 번째 젊은이가 함경도에 도착하여 첫 번째 젊은이를 만났어요. 그는 인사를 나누자마자 세 번째 젊은이를 만난 이야기를 했지요.

"며칠 전 절에서 함께 공부하던 친구를 만났는데, 큰 도둑이 되어 있더군."

"그가 비록 큰 도둑이 되었다지만, 백성들에게 폐를 끼치지는 않았네. 앞으로 좀 더 행동을 살펴보도록 하지."

"이 사람아, 호랑이를 기를 셈인가? 세력이 더 커지기 전에 잡아야 하네. 자네가 힘들다면 내가 잡아오겠네."

"자네와 그 친구를 잘 알건대, 자네는 그를 당하기 어려울 듯싶네. 잠자는 호랑이를 건드려 공연히 일만 크게 만들면 어쩌겠나? 내가 그 친구를 좀 지켜보고 처리하지."

"무슨 소리인가! 그 졸개들이 모두 피라미 같은 조무래기더라고. 나한테 용감한 군사 한 부대를 주면 당장 잡아오지. 자네, 내 말을 따르지 않으면 임금님께 고하겠네."

두 번째 젊은이가 이렇게 나오자 첫 번째 젊은이는 하는 수 없이 허락하고 말았어요.

그리하여 두 번째 젊은이는 군사들을 거느리고 도둑인 친구가 있는 곳에 도착했어요. 그는 군사들을 숲 속에 숨기고 동정을 살피기 위해 자기 혼자 도둑들의 소굴로 들어갔어요.

얼마쯤 들어가자 지난번에 자기를 데리러 왔던 하인이 나와서 기다리고 있었어요. 그 하인을 따라 세 번째 젊은이가 있는 곳에 도착하자마자 갑자기 건장한 청년들이 튀어나와 그를 꽁꽁 묶어 버렸어요.

"너는 어찌 약속을 어기고 감사에게 나를 고해 바쳤느냐?"

그를 기다리고 있던 세 번째 젊은이가 불같이 화를 냈어요.

"하늘에 맹세하지만, 난 그런 적 없네."

두 번째 젊은이는 아무것도 모르는냥 딱 잡아뗐어요. 그러자 세 번째 젊은이는 부하들을 시켜 포졸들을 데려오게 했어요. 어느새 포졸들까지 잡아들였던 거예요.

"너처럼 하찮은 사람 때문에 어찌 나의 칼을 더럽히겠느냐. 의리를 저버리고 신의를 잃었으니 그것을 깨닫게 해 주어야겠다."

그는 두 번째 젊은이에게 곤장 열 대를 때리고는 쫓아버렸어요. 그리고 자기의 소굴을 불태워 버리고 다른 곳으로 떠나 버렸지요.

한편 두 번째 젊은이는 아픈 몸을 이끌고 겨우 집으로 돌아왔어요. 그런데 그 사이 자기 집이 기와집으로 바뀌어 있지 뭐예요. 어리둥절해하는 그를 보고 부인이 말했어요.

"그동안 당신이 편지와 많은 재물을 보내지 않으셨습니까? 그 재물로 이렇게 부자가 된 거예요."

부인이 받았다는 편지를 살펴보니 정말 자기의 글씨와 비슷했어요. 또 자기가 보냈다는 금은보화와 곡식, 비단은 엄청나게 많은 양이었고요.

"도대체 어찌 된 일이란 말인가?"

곰곰이 생각해 보니, 세 번째 젊은이인 큰 도둑이 한 일이었어요. 그는 가슴을 치며 후회했어요.

"그는 이렇듯 신의를 지켰건만, 나는 몹쓸 짓을 했구나."

백두 낭자·한라 도령이 들려주는 참된 친구 이야기

좋은 친구가 되려면

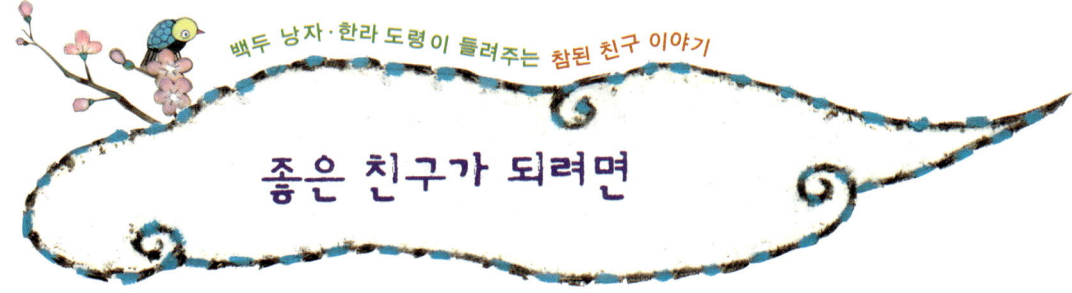

살아가면서 친구는 없어서는 안 될 소중한 사람이지요. 그러므로 아무리 가까운 친구라도 사이좋게 지내기 위해서는 지켜야 할 몇 가지 주의 사항이 있어요. 생활 속에서 이것을 지켜 낸다면 아름다운 우정을 오래도록 지켜나갈 수 있을 거예요.

다음은 좋은 친구가 되기 위한 기본 몸가짐입니다.

첫째, 친구에게 양보하고 서로 돕는 마음을 가집니다.
둘째, 아주 작은 약속이라도 꼭 지키도록 합니다.
셋째, 친구를 보면 먼저 '안녕'하고 반갑게 인사를 합니다.
넷째, 친구 집에 가면 먼저 어른께 인사를 드립니다.
다섯째, 친구와 장난감이나 물건을 나누어 쓰고, 먹을 것은 나누어 먹습니다.
　　　　하지만 친구의 물건을 자기 것처럼 마구 써서는 안 됩니다.
여섯째, 공부를 못하거나 가난한 친구를 따돌리지 않습니다.
일곱째, 친구를 놀리거나 나쁜 별명으로 부르지 않습니다.

여덟째, 친구들 앞에서 잘난 척하거나 자기 자랑을 하지 않습니다.
아홉째, 친구에게 욕이나 거짓말을 하지 않습니다.
열째, 늘 단정한 옷차림을 하고 밝고 웃는 얼굴을 하며 고운 말을 씁니다.

깊은 우정을 나누는 친구가 되려면, 친구와의 믿음을 지키고 친구의 마음을 이해하며 어려울 때 도와줄 수 있는 사람이 되어야 합니다. 또 친구가 잘못했을 때 충고해 줄 수 있는 용기도 있어야 하고요.

하지만 그 전에, 친구가 되기 위한 기본적인 몸가짐부터 갖추어야 하겠지요. 만약 말을 거칠게 하거나 친구의 약점을 갖고 놀리거나 한다면 누가 좋아하겠어요? 위의 열 가지가 바탕이 되지 않는다면 깊은 우정을 나누기가 어렵다는 것을 잊지 말도록 해요.

한 걸음 더

여러분은 7월 9일이 무슨 날인지 아나요? 바로 '친구의 날'이랍니다. 이날은 평소에 하지 못했던 사과의 말이나 고마움의 인사를 친구에게 해 보세요. 진심을 담은 편지를 적어 보내도 좋고요. 친구의 날을 통해 여러분의 마음을 친구에게 표현해 보고, 참된 우정도 키워나가 보세요.

교과가 튼튼해지는
우리 것 우리 얘기

옛이야기 속에 담긴 우리 조상들의 우정 이야기, 잘 읽어 보셨나요?

예부터 동서양의 여러 철학자, 과학자, 예술가들은 우정과 친구에 대한 소중한 말들을 많이 남겼어요. 그분들이 들려주는 충고를 곰곰이 생각해 보면서 나는 어떤 친구를 만나고 싶고, 그 친구와 참된 우정을 쌓기 위해 무엇을 해야 할까 생각해 보는 시간을 가져보는 건 어떨까요.

친구와 우정에 관한 격언 모음집

- 친구란 두 신체에 깃든 하나의 영혼이지. 잊지 마, 친구는 또 하나의 자신이라는 걸! – 아리스토텔레스

- 친구라면 친구의 결점을 참고 견뎌야 하는 거야. – 셰익스피어

- 친구는 모든 것을 나누는 거지. – 플라톤

- 분명한 건 말이야, 교만한 가슴에는 우정이 싹트지 않는다는 거야. – 괴테

- 친구를 갖는다는 것은 또 하나의 인생을 갖는 것이야. – 그라시안

- 진정한 친구는 두 손으로 꼭 잡아야 해. – 니체

- 세상에는 기묘한 우정도 있어. 서로 잡아먹을 듯이 으르렁거려도 헤어지지 못하고 평생을 그대로 살아가는 인간들도 있다고. – 도스토옙스키

- 친구를 칭찬할 때는 남들이 모두 알게 하고, 친구를 책망할 때는 남들이 전혀 모르게 해라. – 독일 속담

- 좋은 친구가 나타나기를 기다리는 것보다 스스로 누군가의 친구가 되었을 때 훨씬 더 행복한 거야. – 버트런드 러셀

- 열매 맺지 않는 과일나무는 심을 필요가 없고, 의리 없는 벗은 사귈 필요가 없다. – 명심보감

- 물이 너무 맑으면 물고기가 없고 사람이 너무 살피면 친구가 없느니라. – 공자

- 나의 전폭적인 관심과 지지는 한 명의 친구에게 있어서 매우 값진 재산이야. – 발자크

- 나보다 나을 것이 없고 내게 알맞은 벗이 없거든 차라리 혼자 착하기를 지켜라. 어리석은 사람의 길동무가 되지 마라. – 법구경

- 친구란 나의 부름에 대한 메아리란다. – 법정 스님

- 친구에게 좋게 대하라. 그를 잃지 않기 위함이다. 적을 좋게 대하라. 친구로 만들기 위함이다. – 벤저민 프랭클린

- 잃어버린 친구를 대신할 만한 것은 아무것도 없어. 오랜 벗은 결코 쉽게 만들어지지 않아. 그 안에는 공통된 추억과 함께 겪은 괴로운 시간들, 수많은 불화와 화해의 순간들, 마음의 격동이 있지. 그런 것들이야말로 훌륭한 우정의 밑거름인 거야. – 생텍쥐페리

- 친구를 보면 그 사람을 알 수 있어. 친구는 제2의 나이기 때문이야. - 세르반테스

- 아첨하는 친구를 사귀지 말고, 분별 있는 충고를 해주는 친구를 사귀세요. - 소크라테스

- 우리는 우정을 통해 다른 사람과 함께 기쁨을 나누고 불행을 견디며 인간애를 엮어 가는 것이란다. - 슈바이처

- 만일 나의 벗이 애꾸눈이라면, 나는 벗을 옆에서 바라보겠어. - 슈베르트

- 너무 앞서 걷지 마. 친구가 따르지 못할 수 있어. 그렇다고 너무 뒤처져 걷지 마. 친구가 이끌지 않을 수도 있어. 나란히 걸으면서 서로의 친구가 되어 주어야 해. - 알베르트 카뮈

- 친구를 얻고 싶은가? 그러면 먼저 완전한 친구가 되어 보게나. - 랠프 에머슨

- 황금은 불로 시험하고, 우정은 곤경으로써 시험당한다. - 영국 격언

- 너의 친구를 그의 결점과 함께 사랑하라. - 이탈리아 격언

- 친구란 '내 슬픔을 등에 지고 가는 자'라는 뜻이지. - 인디언 속담

- 진실한 우정이란 느리게 자라는 나무와 같아. 우정이라는 이름을 얻으려면 몇 번의 고통을 이겨내야 하는 거야. - 조지 워싱턴

- 벗을 사귐에는 과하여 넘치지 말지니, 넘치면 아첨하는 자가 생기리라. - 채근담

- 그 사람의 사람됨을 알고자 하면 그의 친구가 누구인가를 알아보라. - 터키 속담

- 다정한 벗을 구하기 위해서라면 내 어찌 천 리 길을 마다하리. - 톨스토이

- 친구의 실패에는 눈을 감아라. 그러나 친구를 향한 험담에는 눈을 감지 마라. - 프랑스 속담

- 손을 맞잡고 따뜻한 말들을 나누며 착한 일을 서로 권하는 것이야말로 참다운 우정의 모습이야. - 피타고라스

- 인간이 육체를 가진 이상 애정은 언제나 필요하지. 그러나 영혼을 깨끗하게 하고 성장케 하는 데는 우정이 필요해. - 헤르만 헤세

- 나의 친구는 세 종류가 있다. 나를 사랑하는 사람, 나를 미워하는 사람, 그리고 나에게 무관심한 사람이다. 나를 사랑하는 사람은 나에게 유순함을 가르치고, 나를 미워하는 사람은 나에게 조심성을 가르쳐 준다. 그리고 나에게 무관심한 사람은 나에게 자립심을 가르쳐 준다. - J. E. 딩거

〈오십 빛깔 우리 것 우리 얘기〉 시리즈
권별 교과 연계표

국 국어　**사** 사회　**과** 과학　**도** 도덕　**음** 음악　**미** 미술
체 체육　**실** 실과　**바** 바른 생활　**슬** 슬기로운 생활　**즐** 즐거운 생활

- 신 나는 열두 달 명절 이야기　　사 3-2　사 5-1　사 5-2　슬 1-2
- 관혼상제, 재미있는 옛날 풍습　　국 1-2　국 4-1　사 3-2　사 5-2
- 조상들은 어떤 도구를 썼을까　　국 2-2　사 3-1　사 5-1　사 5-2
- 옛날엔 이런 직업이 있었대요　　국 5-1　국 6-2　사 3-1　사 4-2
- 꼭 가 보고 싶은 역사 유적지　　국 4-1　국 4-2　사 6-1　사 6-2
- 신토불이 우리 음식　　국 3-1　사 3-1　사 5-1　사 6-2
- 어깨동무 즐거운 우리 놀이　　국 4-1　사 5-2　체 4　즐 1-2
- 나라를 다스린 법, 백성을 위한 제도　　사 3-2　사 4-1　사 6-1　사 6-2
- 하늘을 감동시킨 효자 이야기　　도 3-1　도 5　바 1-1　바 2-2
- 오천 년 지혜 담긴 건물 이야기　　국 4-1　국 4-2　사 5-1　사 5-2
- 세계가 놀란 발명 이야기　　국 3-1　국 5-2　사 3-1　사 5-2
- 빛나는 보물 우리 사찰　　국 4-1　사 6-2　바 2-2
- 나라의 자랑 국보 이야기　　국 5-2　사 6-1　사 6-2　바 2-2
- 나라를 지킨 호랑이 장군들　　국 4-2　국 6-1　사 6-1　바 2-2
- 오천 년 우리 도읍지　　국 4-1　사 5-2　사 6-1
- 하늘이 내린 시조 임금님들　　국 6-2　사 5-2　사 6-1　바 2-2
- 옛날 관청과 공공시설　　사 3-1　사 3-2　사 6-1　사 6-2
- 옛사람들의 우정 이야기　　국 4-1　국 6-2　도 3-1　바 1-1
- 얼쑤, 흥겨운 가락 신 나는 춤　　국 6-1　국 6-2　사 3-1　음 3
- 아름다운 독도와 우리 섬　　국 2-1　국 4-1　국 5-2　사 4-1
- 본받아야 할 우리 예절　　국 3-2　도 4-1　바 2-1　바 2-2

- 놀라운 발견, 생활의 지혜　　국 2-1　국 2-2　사 3-1　사 5-1
- 옛사람들의 교통과 통신　　사 3-2　사 4-1　사 5-2
- 머리에 쏙쏙 선조들의 공부법　　국 4-1　국 4-2　국 6-2　도 3-1
- 우리 국토 수놓은 식물 이야기　　국 1-1　국 5-1　과 4-2　바 1-2
- 큰 부자들의 경제 이야기　　사 3-2　사 4-2　사 5-2　슬 2-2
- 생명의 보물 창고 우리 생태지　　국 2-1　국 4-2　바 1-2　슬 1-1
- 우리가 지켜야 할 천연기념물　　국 2-1　바 2-2
- 안녕, 꾸러기 친구 도깨비야　　국 2-2　국 3-1　국 4-1　사 5-2
- 오천 년 우리 강 이야기　　사 3-2　사 6-1
- 교과서 속 우리 고전　　국 3-1　국 4-2　국 5-1　국 6-2
- 알쏭달쏭, 열두 가지 띠 이야기　　국 3-1　사 3-2　사 5-2　사 6-1
- 빛나는 솜씨, 뛰어난 재주꾼들　　국 4-2　사 6-1　음 4　미 3, 4
- 수수께끼를 간직한 자연과 문화　　국 4-1　사 5-2　바 2-2
- 옛사람들의 근검절약　　국 6-2　사 4-2　도 5　실 5
- 민족의 영웅 독립운동가　　국 6-2　사 6-1　바 2-2
- 우리 조상들의 신앙 생활　　국 5-2　사 3-2　사 5-2　사 6-1
- 정다운 우리나라 동물 이야기　　국 2-1　국 2-2　국 6-1　과 3-2
- 멋스러운 우리 옛 그림　　국 4-2　사 6-1　미 3, 4　미 5
- 전설따라 팔도명산　　국 2-1　국 2-2
- 방방곡곡 우리 특산물　　사 3-1　사 4-1　사 5-2
- 아름다운 궁궐 이야기　　국 4-1　사 6-1　미 5　바 2-2
- 역사를 빛낸 여자의 힘　　사 6-1　바 2-2
- 신명 나는 우리 축제　　사 3-1　사 4-1
- 우리가 알아야 할 북한 문화재　　사 5-2　사 6-1　바 2-2
- 봄, 여름, 가을, 겨울 24절기　　사 5-1　사 6-1　과 6-2　슬 6-2
- 나누는 즐거움 우리 공동체　　도 4-1　바 2-2
- 이야기가 술술 우리 신화　　국 1-2　국 6-2　사 3-2　사 5-2
- 흥겨운 옛시조 우리 노래　　국 6-2　사 5-2　음 3　음 6
- 조상들의 지혜, 전통 의학　　국 5-1　국 6-2

오십 빛깔 우리 것 우리 얘기 18
옛사람들의 우정 이야기

초판 1쇄 인쇄 | 2011년 2월 28일
초판 1쇄 발행 | 2011년 3월 11일

글쓴이 | 우리누리
그린이 | 김형연

발행인 | 김상규
본부장 | 신수진
책임 편집 | 이정은
편집 | 박경화, 최은정
마케팅 | 최승철

디자인 | 레드스튜디오
인쇄 | 동양인쇄

발행처 | 주니어중앙
등록 | 2011년 1월 21일 제 301-2011-015호
주소 | (100-120) 서울시 중구 정동 1-28번지
편집문의 | (02)319-1782
구입문의 | 1588-0950
팩스 | (02)319-1788

ⓒ 우리누리 2011

ISBN 978-89-278-0110-8 14800
      978-89-278-0092-7 14800(세트)

이 책은 주니어중앙(주)이 저작권자와의 계약에 따라 발행한 것이므로
이 책 내용의 일부 또는 전부를 이용하려면 반드시 주니어중앙(주)의 서면 동의를 받아야 합니다.

• 많은 사람이 최선을 다해 만든 책입니다.
  그러나 혹시라도 잘못된 내용이 있으면 편집부로 연락바랍니다.
• 잘못 만들어진 책은 구입하신 서점에서 교환해 드립니다.

＊주니어중앙 카페에서 이 책과 관련된 독후활동 자료를 무료로 다운 받으실 수 있습니다.
  http://cafe.naver.com/jbookskid